信息化时代财务管理发展探析

潘富玲　杜耀龙　董海慧◎著

线装書局

图书在版编目（CIP）数据

信息化时代财务管理发展探析/潘富玲，杜耀龙，
董海慧著.--北京：线装书局，2024.1
　　ISBN 978-7-5120-5977-1

　　Ⅰ.①信… Ⅱ.①潘… ②杜… ③董… Ⅲ.①企业管
理－财务管理－研究 Ⅳ.①F275

中国国家版本馆 CIP 数据核字(2024)第 050309 号

信息化时代财务管理发展探析
XINXIHUA SHIDAI CAIWU GUANLI FAZHAN TANXI

作　　者：潘富玲　杜耀龙　董海慧
责任编辑：王志宇
出版发行：线装書局
　　　　　地　址：北京市丰台区方庄日月天地大厦 B 座 17 层（100078）
　　　　　电　话：010-58077126（发行部）010-58076938（总编室）
　　　　　网　址：www.zgxzsj.com
经　　销：新华书店
印　　制：北京四海锦诚印刷技术有限公司
开　　本：787mm×1092mm　　1/16
印　　张：12.5
字　　数：239 千字
版　　次：2024年1月第1版第1次印刷
定　　价：88.00 元

线装书局官方微信

前　言

　　信息化改变了整个社会经济的生产结构和劳动结构。随着计算机技术、网络技术的蓬勃发展，人类社会经济、政治、文化等生活的各方面发生了巨大变化。财务环境在网络环境下也发生了变化。财务工作人员也必然会随着会计环境的变化而发展。当云计算、大数据、区块链、人工智能、物联网等信息技术快速改变整个社会及商业环境的时候，财务与会计作为商业的核心元素也不可避免地被卷入了这一浪潮中。在这一进化过程中，财务组织在发生着积极的自我变革。从刚性管理向柔性管理的进化，让财务组织面对快速变化的业务环境有了更佳的应对能力。财务信息化团队的诞生，让信息化时代的财务管理拥有一战之力。而面对快速迭代的信息化商业，财务组织也必须具备创新的知识与能力。

　　当今世界发展的特点是信息网络化和经济全球化，信息技术手段和公开透明的网络环境，改变了传统的管理理念和方法，对政府采购而言，有利于降低政府的采购成本，提高采购的运行效率。然而，建立新制度、推广新的技术应用，往往要与旧制度产生冲撞，特别是信息化在政府采购领域的推广，作为一项新的制度建设，可以有效解决交易过程中的信息不对称，促进市场竞争更加充分，运行过程更加透明，因此，信息化应用越来越成为政府采购的必然选择。

　　本书从信息化的基础认知出发，在此背景下，介绍了信息化对政府采购的具体影响以及优化，接着阐述了财务管理初始信息化，并探究了财务管理信息的系统分析，然后对财务管理信息化、财务会计管理信息化作出了专业分析与总结，最后探索了信息化背景下智能财务的创新实践。本书通俗易懂，可操作性强，可供广大财务工作人员借鉴参考。

　　本书在写作的过程中参考了大量的文献资料，不一一列出，在此向参考文献的作者表示崇高的敬意。由于水平有限，书中难免存在很多不足之处，恳请各位专家和读者，提出宝贵意见，以便进一步改正，使之更加完善。

目 录

第一章　信息化的基础认知

第一节　信息化的含义及现代信息技术

一、信息化的含义

随着信息化实践的推进，人们对信息化概念的认识也在逐步深化和丰富，学术界从不同角度对信息化概念进行了论述并形成了不同的观点。目前，关于信息化有以下几种理解。

（一）侧重于信息技术发展及其应用的"信息化"

这类观点从信息技术的角度出发，注重信息化的技术特征，强调信息技术的发展与应用。有学者认为，信息化就是要在人类社会的经济、文化和社会生活各个领域中广泛而普遍地采用信息技术。也有学者认为，信息化就是计算机化，或者再加上通信化。

（二）立意于经济角度的"信息化"

这类观点从信息产业的成长和发展方面出发，强调信息产业在国民经济中的地位与作用。有学者认为，信息化是信息产业高度发达且在产业结构中占优势地位的社会——信息社会前进的过程，它反映了由可触摸的物质产品起主导作用向难以触摸的信息产品起主导作用的根本性改变。也有学者认为，信息化是生产特征转换和产业结构演进的动态过程，这个过程由以物质生产为主向以知识生产为主转换，由相对低效益的第一产业、第二产业向相对高效益的第三产业演进。

（三）强调知识、信息利用的"信息化"

这类观点从信息资源的开发利用方面出发，从信息的收集、加工、传递角度界定信息化概念。有学者认为，信息化就是知识化，即人们受教育程度的提高及由此而引起的知识信息的生产率和吸收率的提高过程。也有学者认为，信息化即信息资源（包括知识）的空前普遍和空前高效率的开发、加工、传播和利用；人类的体力劳动和智力劳动获得空前的解放。

（四）突出信息、信息技术对社会经济影响的"信息化"

这类观点综合了以上各类观点，强调运用信息技术、开发信息资源及其对社会经济的影响。20 世纪 90 年代国务院信息化工作领导小组提出了国家信息化的定义，认为国家信息化就是在国家统一规划和组织下，在农业、工业、科学技术、国防及社会生活各个方面应用现代信息技术，深入开发、广泛利用信息资源，加速实现现代化的过程。

二、现代信息技术

（一）现代信息技术的含义

信息技术是指用于管理、开发和利用信息资源，能够扩展人类信息器官功能的技术设备及其相应的使用方法与操作技能。现代信息技术是指在现代科学技术，尤其是微电子技术、激光技术和网络技术进步的基础上发展起来的电子信息技术设备及其相应的使用方法与操作技能。

（二）现代信息技术的类型

现代信息技术是一种发展迅速且范围不断扩大的技术。如今，现代信息技术已发展为一个由多种信息技术所组成的高新技术群。

按其技术特征不同，现代信息技术主要包括传感技术、计算机技术、通信技术、光盘技术等。

传感技术是信息技术中的"感觉器官"，主要利用光、压力、温度、气体、磁、放射线、光导纤维等传感装置，高精度、高效率地采集各种形式的信息。例如，卫星遥感技术、红外遥感技术、次声和超声遥感技术、热敏、光敏、味敏、嗅敏传感器及各种智能传感系统等。

计算机技术是信息技术中的"神经中枢"。计算机是由电子管、晶体管、集成电路等电子元件构成的复杂的电子装置，可以高质量、大容量、低成本地存储、处理和输出各种形式的信息。现在，计算机的类型较多，一般将计算机分为服务器、工作站、微型机、便携设备、嵌入式系统等几大类。计算机由硬件系统和软件系统两大部分组成。计算机的硬件系统是构成计算机系统的各种硬件设备的总称，由主机和外部设备两大部分组成。计算机指令的集合称为程序，程序和相应的有关文档构成了计算机软件。计算机通过软件接受输入的数据并进行处理，再输出给用户。计算机软件分为系统软件和应用软件两大类，系统软件是用来管理计算机中 CPU、存储器、通信连接及各种外部设备等所有系统资源的程序，其主要作用是管理和控制计算机系统的各个部分，使之协调运行，并为各种数据处理提供基础功能；应用软件是用来完成用户所要求的数据处理任务或实现用户特定功能的程序。

通信技术是信息技术中的"神经网络"，主要是通过现代通信设施，高速度、高保真、安全地传递声音、文字、图像、数字及其他形式的信息。人类一直在改进信息传播的方式，从原始社会人们利用手势、声音、火光等方式传播信息到语言的产生；从文字的出现到纸张、印刷术的发明；从电话、电报到电视的问世；从通信卫星上天到因特网建成，人类社会信息传播发生了深刻的变化，且每次变化都是划时代的。

光盘技术是一种通过光学的方法读写数据的信息存储技术。光盘按其读写功能可分为只读式光盘、一次写光盘和可擦重写光盘三种类型。它不仅可以用于文字信息的存储，也可以用于声音和图像信息的存储，其优点是存储密度高、容量大、体积小、成本低，可以随机存取。缺点是配套设备较昂贵。

按其功能不同，现代信息技术可分为信息获取技术、信息处理技术、信息组织技术、信息存储技术、信息检索技术、信息传输技术、信息安全技术等。

信息获取技术是指延长人的感觉器官而收集信息的技术。它能把人的感觉器官不能准确感知或不能感知的信息转化为人能感知的信息，主要包括摄影技术、录音技术和遥感技术等。遥感技术是指从远距离高空及外层空间的各种运载工具，即遥感平台上，利用各种传感器接收来自地球表面的各类电磁波，并对这些信息进行扫描和摄影、传输与处理，从而对地表各类事物和现象进行远距离探测和识别的现代综合技术。

信息处理技术，也称信息加工技术，是指对信息进行分类、排序、转换、比较、运算、分析、推理和检索的技术，如多媒体技术、人工智能技术等。多媒体技术是集文字、图像和声音于一体的信息处理技术。人工智能技术是用计算机模拟人处理信息的能力，使计算机能显示出人类智能行为的技术。

信息组织技术是指使零散、无序的信息实现有机联系和序化的技术，主要包括数据库技术、超文本技术等。数据库技术是指建立、维护、利用数据库的技术，其实质是利用数据库管理系统对数据库进行管理。超文本技术是将零散的信息通过节点和链组织成互相关联的网状结构的技术。

信息存储技术是指跨越时间保存信息的技术，主要包括数据压缩技术、磁存储技术和光学存储技术。数据压缩技术是对多媒体信息进行实时压缩和解压缩的技术。在未压缩的情况下，数字化的声音和图像数据量非常大，计算机处理费时，存储空间大，因此必须对多媒体信息进行实时压缩和解压缩。磁存储技术主要用于录音机、录像机和计算机的数据存储，有磁带、硬磁盘、软磁盘等。它的优点是存储量大、体积小、成本低，但要借助辅助设备才能使用。光学存储技术是一种通过光学的方法读写数据的存储技术。光盘可以方便地与计算机接口连接而用作外存储。

信息检索技术是在已建立的数据库和计算机网络中查找所需信息的技术，主要包括光盘检索技术、联机检索技术和网络检索技术等。光盘检索技术是利用计算机从购买的光盘数据库中查找所需信息的技术。光盘检索的具体过程是将光盘数据库放在计算机的光盘驱动器或光盘塔（由多个光盘叠加而成，并配有接口卡设备）中，采用相应的检索策略，输入检索词，通过检索软件的运行从光盘中找到所需要的信息。联机检索技术是用户使用终端设备，运用一定的指令输入检索词和检索策略，通过通信网络连接联机信息中心的中央计算机，进行人机对话，并通过检索软件的运行从联机信息中心的数据库中查找所需信息的技术。网络信息检索技术是利用计算机检索存在于互联网信息空间的各类网络信息资源的技术。目前，网络信息检索技术主要有资源定位检索技术、超链接搜索技术/网络搜索引擎技术及通用信息检索技术。制约网络信息检索技术发展的瓶颈是图像音频视频检索、汉语自动切分、搜索引擎缺陷等。智能检索技术、知识检索技术、多媒体检索技术、新一代搜索引擎技术、自然语言检索技术和基于内容的检索技术是网络信息检索技术发展的核心与关键。

信息传输技术是指一切能使信息跨越空间而流动的技术，主要包括通信技术、计算机网络技术等。通信技术是通过适当的传输介质（如双绞线、同轴电缆、光导纤维、微波、通信卫星等）将数据信息从一台机器（可以是计算机、终端设备或其他任何通信设备）传送到另一台机器的技术。计算机网络技术是现代通信技术和计算机技术相结合的产物，是利用通信设备和线路将地理位置不同、功能独立的单个计算机和计算机设备互联起来，以功能完善的网络软件（即网络通信协议、信息交换方式及网络操作系统等）实现网络中资源共享和信息传递的技术。

信息安全技术是保障信息管理系统、信息网络及其信息自身的安全性的现代信息技术，主要包括访问控制技术、数据加密技术、安全认证技术、防病毒技术、防火墙技术等。访问控制技术用来控制用户对网络资源（文件、目录和设备）的访问，虽然用户已经登录网络系统，但若没有授予他访问网络资源的某些权限，仍不能访问有关的文件、目录及设备。数据加密技术是增强网络信息安全的有效手段，它主要利用某种加密算法，将信息明文变换成密文进行发送，使截取者无法破译，从而实现信息的安全传输。目前，常用的加密算法有对称密钥加密算法和公开密钥加密算法两种。在进行网络通信的过程中，信息交流双方身份的认证也是至关重要的一环。计算机网络中的认证主要包括数字签名、身份验证及数字证书。通常的防病毒技术可以分为病毒预防技术、病毒检测技术和病毒清除技术三种。防火墙技术是一种保护网络信息安全的技术。它利用一个或一组网络设备（计算机、路由器、计算机子网等），在内部网和外部网之间构造一个保护层屏障，检测所有的内外连接，限制外部网络对内部网络的非法访问或内部网络对外部网络的非法访问。

（三）现代信息技术的特点

1. 现代信息技术的高技术性

现代信息技术是一种高技术，目前国际上还没有统一的定义。不过，越来越多的人认为，高技术是指那些对一个国家或地区的经济、社会和军事有重大影响，能形成新兴产业的先进技术。这就对高技术赋予了双重的解释，即技术上是高端的，对社会和经济意义上是重大的。高技术同新兴技术和尖端技术不是同一概念。新兴技术和尖端技术一般只指技术本身，而高技术总是密切地同某些特定的产品或产业相联系。具体而言，尖端技术是一种空间排列的概念，指在技术结构体系中处于顶端或最前沿的那一部分；新兴技术是一种时序排列的概念，指出现时间较短或相对传统技术具有新质特征的技术；高技术更强调它的功能和社会经济效益，具有更广泛的科技、经济、社会意义。高技术并不是只指某一单项的技术，而是一个技术群。目前，国际上公认的高技术包括电子信息技术、生物技术、新材料技术、新能源技术、空间技术、海洋开发技术等。

2. 现代信息技术的先进性

与传统信息技术相比，现代信息技术在性能上具有明显的先进性。现代信息技术的先进性主要表现为传递信息速度快、范围广、保真性能好；处理信息速度快、准确性高；存储信息密度高、容量大；显示信息图文声像并茂；能以更少的时间，完成更多的工作，取得更好的效果。

3. 现代信息技术的高渗透性

现代信息技术的高渗透性主要表现在两个方面。一是不同现代信息技术之间的高渗透。不同信息技术之间可以相互渗透、相互结合，形成功能更加多样、性能更加优越的信息技术设施，如计算机技术、电视机技术、电话技术结合，形成了三电一体的信息技术设备；多媒体技术、超文本技术结合，形成了超媒体技术；计算机技术和现代通信技术结合，形成了计算机网络。二是现代信息技术对其他方面的高渗透。现代信息技术不仅能应用于信息管理和信息服务领域，还能应用于工业、农业、交通运输、财政金融、科学研究、文化教育、文艺体育、行政管理、军事国防、家庭生活等各个方面。这表明现代信息技术具有强大的渗透力。

三、信息资源

（一）含义

资源是指在自然界和人类社会中一切可以用来创造物质财富和精神财富且达到一定量的客观存在形态。信息资源有广义和狭义的理解。广义上说，信息资源是可以用于创造物质财富和精神财富的各种信息及其相应的人才和技术等，是与信息活动相关的资源的总称。狭义的信息资源是指可供人类用来创造财富的各种信息。这里所指的信息资源是狭义的信息资源。

（二）类型

根据载体和存储方式的不同，信息资源可划分为天然型信息资源、实物型信息资源、智力型信息资源、文献型信息资源和网络型信息资源。

天然型信息资源是以天然物质为载体的信息资源。天然型信息资源分布十分广泛，是没有经过人脑加工的信息资源，更新速度较慢。这种类型的信息资源是科学研究的原材料，科研人员尤其是自然科学研究人员主要通过对这种天然型信息资源进行加工来认识自然、认识世界。

实物型信息资源是指以人造物质产品为载体的信息资源，如新研制的产品的模型、样品等。实物型信息资源直观性与隐蔽性同在，真实可靠且不易失真，但传递和保存不便。实物型信息资源实质上是物质资源，所以人们一般利用其物质属性，但当人们利用其信息属性时，物质资源就成了实物型信息资源。

智力型信息资源是指以人脑为载体的信息资源。智力型信息资源的存储载体是人脑，传播载体是语言；内容较新颖，更新速度快；不便于保存且易失真；交流和传递范围有限。

文献型信息资源是指以纸张等传统介质和磁盘、光盘、胶卷等现代介质为载体的信息资源。文献型信息资源内容广泛，类型多样；质量较高，具有不同的加工深度；传递较方便，传播范围广；便于保存和利用。

网络型信息资源是一切投入互联网的电子化资源的总称，主要包括将原本相互独立、分布于不同地域的数据库、信息中心、图书馆等，由信息网络联结在一起的信息资源；以网络形式出版的信息资源（网络出版物）；仅在网上交流的信息资源。网络型信息资源具有内容丰富、质量高低不一、数量大、增长快、传递速度快、可跨国界流动和传递等特点。

按其内容性质不同，信息资源可划分为政治信息资源、法律信息资源、科技信息资源、经济信息资源、管理信息资源等。

政治信息资源主要由政治制度、国内外政治态势、国家方针政策信息等构成。

法律信息资源主要由法律制度、法律体系、立法、司法和各种法规信息构成。

科技信息资源是与科学、技术的研究、开发、推广应用等有关的信息。

经济信息资源是指反映经济现象的各种信息的总和。其内容繁多，包括国家经济政策信息、社会生产力发展信息、国民经济比例与结构信息、生产经营信息、市场供求信息、金融信息等。

管理信息资源是各行业各层次管理与决策活动中形成的，并对管理过程、效果等进行反映的信息。

（三）特点

1. 精神形态与物质形态共存

一般情况下，经济资源的物质形态是其主要存在形式。信息资源指的是信息的语义内容，多是精神形态的，但是信息资源必须借助物质载体而存在，即使是无形的信息资源也有其物质载体。比如，市场行情是一种信息内容，是精神形态的，但它的存在形式却是物质的，要么以纸张为载体而存在，要么以磁盘为载体而存在，要么以人的大脑为载体而存在，其中的纸张、磁盘、人的大脑都是物质的。市场行情在传播的过程中，必须借助信道（如声频、视频等），这些信道同样是物质的。

2. 分布的广泛性与不均匀性共存

作为资源的信息无处不在。自然界的各种物质无时不在产生信息，信息资源存在于自然界的各个角落。社会的各个单位、个人都是信息源，都产生信息，也都存储和利用信息。可以说，人类社会充满了信息。

然而，信息资源分布又不是均匀的。一般来说，分布在社会机构中的信息资源多于分布在自然界和个人手中的信息资源，分布在城市的信息资源多于分布在乡村的信息资源，分布在专职信息机构的信息资源多于分布在非信息机构的信息资源，分布在发达国家的信息资源多于分布在发展中国家的信息资源。

3. 无限性与稀缺性并存

信息的"储量"是无限的，永不枯竭的，而物质资源和能源不具备这种特性。物质资源在特定空间内的储量是有限的。信息资源呈现出不断丰富、不断增长的趋势，这是由于信息资源主要产生于人类的社会经济活动之中，而人类的社会经济活动是一个永不停歇的运动过程，信息也总是处在不断产生、不断积累的过程之中。

然而，信息资源在一定历史条件下相对人们的特定需求来说又是稀缺的。在既定的时间和空间里，某一特定的个人或机构由于人力、物力、财力等因素的限制，其信息资源的拥有量总是有限的。人们对信息资源的需求越来越大，要求信息资源内容综合度越来越高，针对性越来越强，因而满足人们某一特定信息需求的信息资源在质和量上表现出稀缺性。

4. 非消耗性与时效性并存

大部分物质资源的利用往往是一次性的，每用一次就要消耗一部分。信息资源则可以多次开发，反复使用，在开发与使用过程中，不仅不会被消耗掉，反而用之弥增，不断形成新的信息资源。

物质资源的利用虽然具有消耗性，但与其开发利用的时间关系不大，不会因为开发晚而利用价值变低，也不会因为开发利用的时滞而浪费，即便是太阳能，也能利用先进的科学技术与设备储存起来备用。但是，同一信息资源并不可以永久地被利用下去，随着时间的推移，信息资源会很快失去其利用价值，即信息资源具有时效性。

5. 可共享性与可选择性并存

在人类社会中，物质资源的利用表现为独占性，利用者之间是一种竞争关系。而信息资源的利用可使不同的利用者在同等程度上共享一份信息资源，从这一层面看，信息资源是一种可共享的资源。

信息资源的使用方向具有可选择性。同一信息资源可以作用于不同的对象，并产生多种不同的作用效果。不同用户使用同一信息资源，可根据需要对信息资源的使用方向进行不同的选择。

第二节　信息化的主要方面

一、经济信息化

经济信息化是指在经济活动的各个行业、各个领域广泛采用信息技术，开发和利用信息资源，主要包括工业信息化、农业信息化、金融信息化、商务信息化等。

（一）工业信息化

工业信息化是指在工业企业的研究开发、设计生产、市场营销、组织管理等方面，应用先进的信息技术，建设应用系统和网络，充分整合和广泛利用企业内外的信息资源，提高企业生产、经营和管理水平，增强企业竞争力的过程。工业信息化的内容主要包括以下方面。

1. 产品设计信息化

产品设计信息化指将信息技术用于产品设计、工艺设计方面，即在网络和计算机辅助下通过产品数据模型，全面模拟产品的分析与设计过程。产品设计信息化集成了现代设计制造过程中的多项先进技术，包括计算机辅助设计（CAD）、计算机辅助工程分析（CAE）、计算机辅助工艺规划（CAPP）、网络协同设计（NCD）等。产品设计信息化能更新传统的设计思想，大大提高产品设计能力，缩短产品设计周期，降低产品的研发与设计成本，为开发新产品和新工艺创造有利条件，提高企业及其产品在市场上的竞争力。

（1）计算机辅助设计（CAD）

计算机辅助设计是利用计算机帮助设计人员进行设计。其特点是将人的创造能力和计算机的高速运算能力、巨大存储能力和逻辑判断能力结合起来。在工程设计中，带有创造性的设计、方案的构思、工作原理的拟订等需要发挥人的创造性思维能力，这些工作一般应由人来完成；非创造性且繁重的工作，如非常复杂的数学计算、多种设计方案的提出、综合分析比较与优化、工程图样及生产管理信息的输出等均可由计算机完成，设计人员对计算、处理的中间结果做出判断、修改，以便更有效地完成设计工作。

（2）计算机辅助工程分析（CAE）

计算机辅助工程分析泛指包括分析、计算和仿真在内的一切研发活动。CAE 技术是计算机技术和工程分析技术相结合形成的新兴技术，CAE 软件是由计算力学、计算数学、结构动力学、数字仿真技术、工程管理学与计算机技术相结合而形成的一种综合性、知识密集型信息产品。在近年来的市场需求推动下，CAE 技术有了长足的发展，凭借跨学科的数值模拟分析技术越来越受到科技界和工程界的重视。随着 CAE 技术的不断成熟和 CAE 软件向高性能方面的发展，CAE 技术的应用范围不断扩大，不仅在汽车制造业、飞机制造业、板材加工成型及模具制造业得到了广泛的使用，还在其他领域，如生物医学、建筑桥梁、冶金、电子产品制造及日用消费品的制造中得到了应用。

（3）计算机辅助工艺规划（CAPP）

计算机辅助工艺规划是通过向计算机输入被加工零件的原始数据、加工条件和加工要求，由计算机自动地进行编码、编程，直至最后输出经过优化的工艺规程卡片的过程。或者说，计算机辅助工艺规划是通过向计算机输入被加工零件的几何信息（形状、尺寸等）和工艺信息（材料、热处理、批量等），由计算机自动输出零件的工艺路线和工序内容等工艺文件的过程。这项工作需要有丰富生产经验的工程师进行复杂的规划，并借助计算机图形学、工程数据库及专家系统等计算机科学技术实现。计算机辅助工艺规划常是联结计算机辅助设计（CAD）和计算机辅助制造（CAM）的桥梁。CAPP 在现代制造业，如航空、航天、船舶、动力装备、电子机械、水利机械、武器装备、汽车、通用机械等领域都有广泛的应用。

（4）网络协同设计（NCD）

网络协同设计是借助计算机及其网络技术对某一项工作进行协同设计，是计算机支持的协同工作（CSCW）的一个重要研究领域，也是利用分布在全球范围内的制造资源（制造设备、设计者的知识技巧和数据库等）实现动态联盟的一项关键技术。网络协同设计充分利用了网络资源共享、信息共享的优点，将协同设计系统的功能更充分地挖掘出来。人们利用网络协同设计系统可在虚拟的计算机网络环境下合作完成设计任务。

2. 生产制造信息化

生产制造信息化是指将信息技术用于产品的生产制造过程。在制造过程中采用信息技术，可以实现对制造过程的监控和管理，解决加工过程中的复杂问题，提高生产的精度和规模制造水平，实现制造过程的自动化和集成化。生产制造信息化的主要技术包括计算机辅助制造（CAM）、柔性制造系统（FMS）、分布式控制系统（DCS）、快速成型制造技术（RP）、虚拟制造（VM）、计算机集成制造系统（CIMS）等。

（1）计算机辅助制造（CAM）

计算机辅助制造是指利用计算机进行辅助加工、检测、装配、辅助生产等过程，其核心是计算机数字控制（以下简称数控）。数控的特征是由编码在穿孔纸带上的程序指令控制机床，能根据加工要求，自动更换刀具，自动进行车、镗、铣、刨，进行复杂零件的加工，保证加工零件的质量，减少废品率，降低成本，缩短生产周期，改善制造人员的工作条件。随着微型单板机的普及，在通常用的车床、刨床、铣床和镗床上，可以装上单板机，实现自动控制，改变传统的加工方式，提高加工效果。计算机辅助制造广泛应用于船舶、飞机和各种机械制造业。

（2）柔性制造系统（FMS）

柔性制造系统是由统一的信息控制系统、物料储运系统和一组数字控制加工设备组成，能适应加工对象变换的自动化机械制造系统。柔性制造系统的工艺基础是成组技术，它按照成组的加工对象确定工艺过程，选择相适应的数控加工设备和工件、工具等物料的储运系统，并由计算机进行控制，故能自动调整并实现一定范围内多种工件的成批高效生产（即具有"柔性"），并能及时地改变产品以满足市场需求。柔性制造系统由中央管理和控制计算机、物流控制装置、自动化仓库、无人输送台、制造单元、中央刀具库、夹具站、信息传输网络、随行工作台等组成。柔性制造系统具有以成组技术为核心地对零件分析编组、以微型计算机为核心的编排作业计划、以加工中心为核心的自动换刀具和换工件、以托盘和运输系统为核心的工件存放与运输、以各种自动检测装置为核心的自动测量与保护等功能。

（3）分布式控制系统（DCS）

分布式控制系统是由多台计算机分别控制生产过程中多个控制回路，同时可集中获取数据、集中管理和集中控制的自动控制系统。分布式控制系统采用微处理机分别控制各个回路，而用中小型工业控制计算机或高性能的微处理机实施上一级的控制。各回路之间和上下级之间通过高速数据通道交换信息。分布式控制系统具有数据获取、直接数字控制、人机交互及监控和管理等功能。分布式控制系统是在计算机监督控制系统、直接数字控制系统和计算机多级控制系统的基础上发展起来的，是生产过程中一种比较完善的控制与管理系统。在分布式控制系统中，按地区把微处理机安装在测量装置与控制执行机构附近，使控制功能尽可能分散，管理功能相对集中。这种分散化的控制方式能改善控制的可靠性，不会因为计算机的故障而使整个系统失去控制。当管理级发生故障时，过程控制级（控制回路）仍具有独立控制能力，因此即便个别控制回路发生故障也不致影响全局。与计算机多级控制系统相比，分布式控制系统结构更加灵活，布局更为合理，成本也更低。

（4）快速成型制造技术（RP）

快速成型制造技术是国际上新开发的一项高科技成果，简称快速成型技术。它的核心技术是计算机技术和材料技术。快速成型技术摒弃了传统的机械加工方法，根据 CAD 生成的零件几何信息，控制三维数控成型系统，通过激光束或其他方法将材料堆积而形成零件。用这种方法成型，无须进行费时、耗资的模具或专用工具的设计和机械加工，极大地提高了生产效率和制造柔性。在铸造生产中，模板、芯盒、压蜡型、压铸模等的制造往往是靠机械加工的办法，有时还需要钳工进行修整，费时耗资，且精度不高。特别是对于一些形状复杂的薄壁铸件，如飞机发动机的叶片、船用螺旋、汽车缸体与缸盖等，模具的制造更是一个老大难的问题。虽然一些大型企业的铸造厂也进口了一些数控机床、仿型铣等高级设备，但除了设备价格昂贵之外，模具加工的周期也很长，加之没有很好的软件系统支持，机床的编程也很困难。市场竞争激烈，产品的更新换代日益加快，铸造模具加工的现状很难适应当前的形势，而快速成型制造技术的出现为解决这个问题提供了一条颇具前景的新路。

（5）虚拟制造（VM）

虚拟制造是综合运用仿真、建模、虚拟现实等技术，提供三维可视交互环境，对从产品概念产生、设计到制造全过程进行模拟实现，以期在真实制造之前，预估产品的功能及可制造性，获取产品的实现方法。其基本思想是将制造企业的一切活动，如设计过程、加工过程、装配过程、生产管理、企业管理等建立与现实系统完全相同的计算机模型（虚拟系统），然后利用该模型运行整个企业的一切活动并进行参数的调整，在求得最佳运行参数后再进行最终的实际制造活动，以确保整个运行都处于最佳状态，即可使新产品开发一次获得成功。虚拟制造对提高产品质量、降低产品成本、缩短设计制造周期、改进设计运行状态都起着十分重要的作用。

（6）计算机集成制造系统（CIMS）

计算机集成制造系统是借助计算机技术，综合运用现代管理技术、制造技术、系统工程技术，把分散在产品设计制造过程中各种孤立的自动化子系统有机地集成起来，形成适用于多品种、小批量生产，实现整体效益的集成化、智能化的制造系统。集成化反映了自动化的广度，它把系统的范围扩展到了市场预测、产品设计、加工制造、检验、销售及售后服务等全过程。智能化则体现了自动化的深度，它不仅涉及物资流控制的传统体力劳动自动化，还包括信息流控制的脑力劳动的自动化。CIMS 一般包括管理信息应用分系统（MIS）、技术信息应用分系统（CAD&CAPP）、制造自动化应用分系统（CAM）、计算机辅助质量管理应用分系统（CAQ）等四个应用分系统和数据管理支持分系统、网络支持分系统两个支持分系统。

3. 企业管理信息化

企业管理信息化是指采用现代信息技术建立信息管理系统，把企业的设计、采购、生产、制造、财务、营销、经营、管理等各个环节集成起来，共享信息资源，从而达到降低库存、提高生产效能、保证产品质量、快速应变的目的。主要应用层面包括管理信息系统（MIS）、决策支持系统（DSS）、供应链管理系统（SCM）、客户关系管理系统（CRM）、企业资源规划系统（ERP）等。

（1）管理信息系统（MIS）

管理信息系统是一个由人、计算机等组成的能进行信息的收集、传送、存储、维护和使用的系统。MIS 是一个人机结合的辅助管理系统。管理和决策的主体是人，计算机系统只是工具和辅助设备，主要应用于结构化问题的解决；主要考虑完成例行的信息处理业务，包括数据输入、存储、加工、输出、生产和销售的统计等；以高速度、低成本完成数据的处理业务，追求系统处理问题的效率。一个企业的管理信息系统主要有以下几个子系统：一是库存管理子系统，其功能包括对库存的控制、库存台账的管理、订货计划的制订和仓库自身管理等；二是生产管理子系统，其功能包括物料需求计划的制订、生产计划的安排、生产调度和日常生产数据的管理分析等；三是人事管理子系统，其功能包括人员的档案管理、人员考勤情况管理、人员各种保险基金的管理和人员培训计划的制订等；四是财务管理子系统，其功能包括财务账目管理、生产经营成本管理、财务状况分析和财务计划的制订等；五是销售管理子系统，其功能包括销售计划的制订、销售状况分析、顾客信息的管理和销售合同的管理等。

（2）决策支持系统（DSS）

决策支持系统是以管理科学、运筹学、控制论和行为科学为基础，以计算机技术、仿真技术和信息技术为手段，针对半结构化的决策问题，支持决策活动的具有智能作用的人机系统。该系统能够为决策者提供决策所需的数据、信息和背景材料，帮助明确决策目标和进行问题的识别，建立或修改决策模型，提供各种备选方案，并对各种方案进行评价和优选，通过人机交互功能进行分析、比较和判断，为正确决策提供必要的支持。决策支持系统基本结构主要由数据部分、模型部分、推理部分和人机交互部分组成。数据部分是一个数据库系统；模型部分包括模型库（MB）及其管理系统（MBMS）；推理部分由知识库、知识库管理系统和推理机组成；人机交互部分是决策支持系统的人机交互界面，用以接收和检验用户请求，调用系统内部功能软件为决策服务，使模型运行、数据调用和知识推理达到有机地统一，有效地解决决策问题。

（3）供应链管理系统（SCM）

供应链是由供应商、制造商、仓库、配送中心和渠道商等构成的物流网络。供应链管理，就是指在满足一定的客户服务水平的条件下，为了使整个供应链系统成本达到最小，而把供应商、制造商、仓库、配送中心和渠道商等有效地组织在一起，进行产品制造、转运、分销及销售的管理方法。供应链管理系统是一个以客户订单为驱动的供应链管理软件。该系统综合了供应链上的客户与订单、产品定义、生产计划、供应商、采购、合同、生产物流、库存、销售、配送、运输与财务核算等环节，不但使企业内部供应链保持流畅和优化，产生了最大效益，而且与客户及供应商之间通过互联网实现了供应链的衔接；通过对客户、供应商、产品、物料和企业资源的科学定义和控制，在客户订单的驱动下，可进行各种仓储、运输、审批及结算作业。

（4）客户关系管理系统（CRM）

客户关系管理是一套先进的管理模式，其实是要想取得成功，必须有强大的技术和工具支持，CRM 就是实施客户关系管理必不可少的一套技术和工具集成支持平台。CRM 基于网络、通信、计算机等信息技术，能实现企业前台、后台不同职能部门的无缝连接，能够协助管理者更好地完成客户关系管理的两项基本任务：识别和保持有价值客户。企业 CRM 系统由客户信息管理、销售过程自动化（SFA）、营销自动化（MA）、客户服务与支持管理（CSS）、客户分析（CA）系统五大主要功能模块组成。

（5）企业资源规划系统（ERP）

企业资源规划系统是指建立在信息技术基础上，以系统化的管理思想为企业提供决策运行手段的管理平台，是将企业所有资源进行整合集成管理的信息系统。ERP 集信息技术与先进管理思想于一身，对改善企业的业务流程、提高核心竞争力具有显著的作用。ERP 体现的管理思想是，最大化地发挥企业的资源效益，在少占用资源的情况下实现最大化的产出目标。ERP 是一项系统管理工程，它通过数据共享，连接了企业的各个部门，有效提高了企业的整体运作效率。从采购、库存到应付款，从销售、库存到应收款，从物料清单、车间生产到成本，从销售预测、生产计划平衡到物料需求，这种流程管理取代了原来孤立的职能管理，消除了无效的管理环节，减少了不增值的活动，堵塞了管理漏洞，实现了业务流程标准化和规范化，提高了企业的运作效率和收益。

4. 企业营销信息化

企业营销信息化就是应用现代信息技术整合企业营销活动的各个环节，建立现代营销信息系统，开展网络营销，通过对企业内外营销信息资源的深入开发，实现企业内外部营销信息的共享和有效利用，不断提高企业营销管理水平，提升企业竞争能力。企业营销信息化的重要体现就是开展网络营销。网络营销不仅使传统的营销组合有了新的内容，其多样化的网络营销方式也给企业带来了可以根据自身情况灵活选择或组合使用的便利。

（二）金融信息化

金融业是指经营金融商品的特殊行业，主要包括银行业、保险业、证券业，以及金融信托与管理、金融租赁、财务公司、邮政储蓄、典当等金融活动。金融信息化是指现代信息技术（如计算机技术、通信技术、人工智能技术）广泛应用于金融领域，以创新智能技术工具更新改造和装备金融业，从而引起金融活动发生根本性、革命性变革的过程。金融信息化主要包括银行信息化和保险信息化两个方面。

1. 银行信息化

银行信息化是指为适应信息社会的发展，最大限度地实现以客户为中心、以竞争和创新为特征的现代银行经营理念要求，利用计算机、通信、网络现代化等现代技术手段，实现银行传统业务处理的自动化、客户服务电子化、银行管理信息化和银行决策科学化，从而为客户提供多种快捷、方便的服务，为国民经济各部门提供及时、准确的金融信息。银行信息化主要包括以下几个方面。

（1）现代化支付清算体系

支付清算体系是中央银行向金融机构及社会经济活动提供资金清算服务的综合安排。其主要功能包括组织票据交换清算、办理异地跨行清算、为私营清算机构提供差额清算服务、提供证券和金融衍生工具交易清算服务、提供跨国支付服务。现代化支付清算体系是指利用现代计算机技术和通信网络自主开发建设的，能够高效、安全处理各银行办理的异地、同城各种支付业务及其资金清算和货币市场交易的资金清算应用系统。具体内容包括实时支付系统、小额批量支付系统、支票影像交换系统和境内外币支付系统、电子商业汇票系统及中央银行会计集中核算系统。除此之外，现代化支付清算体系还能为银行业金融机构提供灵活的接入方式、清算模式和全面的流动性风险管理手段，支撑新兴电子支付业务处理和人民币跨境支付结算，实现本外币交易的对等支付结算，具有健全的备份功能和强大的信息管理与数据存储功能，高效地运行维护机制化安全管理措施，并逐步实现支付报文标准国际化。

（2）银行核心业务系统

银行核心业务系统是面向数据的大且集中、以客户服务为基础、以产品经营为目标的业务处理系统。核心业务系统分三个层面，即核心层、业务层和服务层。核心层包括集中会计核算系统、客户信息管理系统、授信额度管理系统和公共管理系统。业务层在核心层的外围，反映各类业务具体操作的流程和业务层处理相关的业务逻辑，并通过核心层访问会计服务、客户信息服务和授信额度服务等。服务层包括营业机构的柜员界面、ATM 界面、POS界面、IC卡界面、自助银行界面、电话银行界面、企业银行界面、网络银行界面等，它是核心业务系统的服务界面，是银行柜面业务的各种延伸。

（3）银行管理信息系统和决策支持系统

银行管理信息系统是指充分利用业务系统已实现的数据集中的优势和网络，进一步推进信息化系统的建设步伐，构建管理信息平台，加速管理信息化、数字化的进程，增强市场竞争能力，提升业务管理、风险防范和对外服务的水准。管理信息系统是商业银行发展的一个重要方面，涉及信贷管理、财务管理、人力资源管理、客户经理管理、资金管理、风险管理、绩效考核及办公自动化系统等。银行决策支持系统是充分利用业务管理信息系统的数据，通过对数据仓库技术、在线联机分析技术、数据挖掘技术的研究与应用，提供数据抽取、数据分析、数据挖掘等银行管理的现代化手段，实现基于各业务处理系统和管理系统之上，全方位地分析金融风险、辅助决策的银行管理，主要包括管理会计系统、客户关系管理、资产负债管理等。

（4）客户服务平台

为全面提升客户服务质量，客户服务平台将采取集中管理、集中监控、集中培训的管理模式，建立一套具有先进性、前瞻性的多渠道客户服务、营销、信息采集与管理、电子交易系统，建成国际水准、国内银行业一流的客户服务平台。通过网上银行、电话银行等虚拟银行的建设，扩大银行服务的物理范围，淡化本地和异地的概念，提高银行服务的多样性和时效性，全面提升客户管理和服务水平。

（5）网络电子银行

网络电子银行就是商业银行以网上银行、电话银行、手机银行、企业银行、ATM、家用银行软件、呼叫中心等业务品种，构建电子化的金融自助服务体系。网络电子银行与传统银行相比有如下优势。其一，网络电子银行成本低，易于成本控制。由于网络电子银行无分支机构、人员少、无纸化等特征，网上银行的交易成本比普通银行约低90%。其二，网络电子银行提供了一站式24小时服务，使商业银行任何时间、任何地点、任何方式的服务承诺成为可能。其三，利用互联网资讯传播优势，推出新产品，为客户提供全方位的个性化服务。目前，网上电子银行已成为商业银行控制成本、增强竞争力和提高经营效益的重要手段，这也是现代商业银行业发展的重要方向。

2. 保险信息化

保险信息化是保险企业采用包括互联网技术在内的现代计算机技术、通信技术和网络技术等信息技术手段，改变保险业传统运作方式，实现保险业务处理自动化、保险服务电子化、保险企业管理信息化和保险决策科学化，提高传统保险保障服务业务的工作效率，降低经营成本，为客户提供多种快捷方便的服务，进而提升保险业整体竞争力的活动。

（1）保险业务管理系统

保险业务管理系统是集投保、续保、退保、理赔于一身，为保险企业提供全方位应用的保险信息系统。该系统不仅可以使保险业务实际操作便捷化，还可有效帮助保险企业为客户提供更多人性化服务，并挖掘其潜在价值，实现效益最大化。保险业务管理系统一般具有多个功能模块。一是客户信息管理功能模块。对客户信息进行体系化管理，将客户基本信息、保险信息、出险和理赔信息等进行关联化设计，使保险企业随时掌握客户的信息情况，做到繁而不乱，避免因信息遗漏而造成不必要的损失。二是保险到期提示功能模块。为了向客户提供优质后续服务和客户价值的提升，系统在客户保单到期前会自动进行信息提示，告知客户需要续保，并在客户确定续保后，自动将续保信息转到续保管理模块。三是续保管理功能模块，可对续保单及送保单等详细信息进行记录，同时配以便捷的查询功能，方便对某个确定续保单及送保单的查询和查找。四是自动信息服务功能模块。系统配有强大的呼叫中心做支持，可实现短信发送、语音提示等功能。五是业务分单管理功能模块。系统拥有保单在线分配功能，管理者可根据工作情况和安排，在线将保单指派给业务人员，业务人员直接在线接受并处理新分配任务。六是理赔记录功能模块。将理赔功能纳入进来，能使系统和实际业务的结合更加紧密，让使用单位在为客户办理续保时提供参考依据和标准。

（2）保险财务管理系统

保险财务管理系统的总体目标有三：一是通过财务系统和保险业务系统的整合实现业务流程信息的集成；二是统一整个公司（包括各分支机构）的财务系统，在保持灵活性的同时，保证财务制度在全公司的贯彻执行；三是强化公司在集团管控、财务核算、财务分析和决策支持方面的能力，为公司发展战略的实施提供支撑。保险财务管理系统可搭建整个公司（包括各分支机构）的财务管理系统体系架构，形成保险总公司、分公司、中心支公司、营业部等多级财务核算及管理体系，各层次除了能够完成基础会计核算及完成包括财务分析、计划、监控、考核等内容的财务管理以外，还负责及时向上一层次汇总财务信息并接受反馈，最终形成全公司完整准确的财务信息体系。通过保险财务管理系统，保险企业可实现细化员工借款、费用的管理，跟踪外部采购，按计划和预算进行资金支付跟踪固定资产、办公家具、低值易耗品的实物信息和财务信息；核算管理内部的资金预测和计划，简化外部银行对账，提高全公司资金监控的时效性和准确性；帮助公司找出盈利或亏损的产品、险种、渠道，以便公司决策层有针对性地调整营销策略，扩大盈利品种的营销，减少甚至停止没有收益或者收益很低的产品销售；帮助公司发现在赔款、费用控制、资金运用等方面的漏洞或薄弱环节，找出造成这些漏洞的原因，使公司决策者能够采取必要的措施，堵住漏洞，强化薄弱的环节，提高公司管理决策的效力和经营效率。

（3）保险代理人管理系统

保险代理人管理系统是保险公司的三大基础信息系统之一。保险代理人管理系统的总体目标是以先进成熟的计算机手段，通过与财务处理系统的信息交换，建成一个覆盖代理人入司、日常管理（考勤、长假、维护个人资料、组织架构/职级人工调整）、考核、督导、培训、薪资管理、孤儿保单分配、离司全过程的管理系统。对保险代理人管理系统的要求如下：一是实用性，即在保证满足代理人管理部门需求的前提下，系统功能、软件功能和业务功能适用；二是规范性，即遵守软件工程的规范；三是先进性，即采用当前先进的基于计算机网络的软件开发工具，从而保证系统在技术上领先；四是高效性，即具有高度的自动化特性，如考核的自动过程、系统提示功能、相关信息的相互调用、自动产生各类统计信息等；五是可维护性，即通过建立大量的数据字典，尽量使维护工作集中到数据库，而不需要对系统进行大的改动；六是操作易用性，即界面友好、容易理解、操作步骤简单、配备齐全的帮助信息系统。

（4）保险监管信息系统

对保险机构进行监管的方式包括非现场监管、现场检查和社会中介机构的外部审计三种，一般以非现场监管为主，以现场检查和社会中介机构审计为辅。非现场监管是指保险监管部门对保险机构报送的数据、报表和有关资料以及通过其他渠道（如媒体、监管谈话等）取得的信息，进行加工和综合分析，并通过一系列风险监测和评价指标，对保险机构的经营风险做出初步评价和早期预警。保险监管信息系统就是应用于非现场监管的信息系统，其目标是以动态监管保险公司的财务指标和业务指标为主线，以财务数据和业务数据为中心，建立包含数据采集、数据校验、报表自动生成、动态查询、动态预警等功能的综合立体化信息管理系统，以提高保险监管部门的监管水平和监管能力，提高保险监管部门的监管效率。

（5）保险电子商务

保险电子商务就是通过互联网开展投保、续保、退保、理赔等活动。保险公司利用电子商务的开放性和互联网的便捷性，建立起快速开发产品的渠道和适应市场变化的销售网络，不失为一种低成本、高效益的营销方式。运用现代信息网络技术，保险业可逐步建立网络营销、电话营销、短信营销等新型营销渠道，同时可利用信息技术实现与银行、航空等行业的业务合作。

二、管理信息化

管理信息化是指在管理活动，即在计划、决策、组织、指挥、控制等活动中广泛利用信息技术，有效利用信息资源，从而提高管理效率。管理离不开信息，管理过程中的计划、决策、组织、指挥、控制等活动都需要以大量的信息为基础。从某种意义上说，管理活动就是一种特殊的信息活动。要在管理中有效地利用信息，必须利用现代信息技术建立办公自动化系统、管理信息系统、决策支持系统和专家系统，建设内部信息网络，实现各级各类管理工作的电子化、网络化。管理信息化涉及面广，这里仅阐述管理信息化的主要方面——政府信息化与电子政务。

（一）政府信息化

政府信息化是指在政府部门广泛应用现代信息技术、充分开发利用信息资源，从而更加经济有效地履行自身职责的活动和过程。政府信息化的最终结果是建立高效可靠的电子政府。政府信息化强调政府利用现代信息技术建立政府信息系统和信息网络的过程，强调政府信息资源的开发与利用。广义地说，政府信息化也包括电子政府建成以后的运行过程。

政府信息化是一个动态的过程。20 世纪 80 年代提出的办公自动化是政府信息化的早期表述，其核心是要用计算机技术处理办公室的内部业务，如文件资料的制作、传送和储存等；20 世纪 80 年代以后，管理信息系统和决策信息系统的出现，使当时的政府信息化，实际上就是运用信息加工和信息处理技术使政府的决策更科学合理，并满足了管理者的需求；20 世纪 90 年代后，国际互联网技术迅速发展，此时政府信息化的含义是指在政府内部办公自动化的基础上，利用计算机技术、通信技术和网络技术，建立起网络化的政府信息系统，并通过不同的信息服务设施为企业、社会和公民提供政府信息和其他公共服务，打破了传统政府管理受时间、空间的限制，改变了政府的管理方式。

（二）电子政务

1. 电子政务的概念与内容

电子政务强调用电子方式处理政府事务，有广义、中义与狭义之分。广义的电子政务是指一个国家的各级政府机关或有关机构以电子化的手段处理各类政府事务，这与电子政府的活动范围大致相同。但电子政府强调的是一种组织机构，而电子政务强调的是一种管理活动。中义的电子政务是指采用电子方式进行的政府管理工作，主要包括政府机关内部办公自动化和政务的网上交互式处理。但由于现代政府的管理越来越依赖信息资源的开发与利用，政府信息发布也是政务管理中必不可少的工作，因此中义的电子政务还包括政府部门以电子方式获取、管理和发布信息，但不包括政府网上采购之类的商务活动。狭义的电子政务仅指在计算机互联网上进行的政府管理活动，即在计算机网络上进行的政务交互式处理。可以认为，电子政务是电子政府的核心和主要方面，因为电子政务主要是"政务"，而"电子"只是手段，所以电子政务的广义与狭义应从"政务"方面加以区分。广义的电子政务＝"电子"＋广义"政务"，指电子化的政治与行政事务，包括电子政党事务（电子党务）、电子政权事务（电子人大）、电子政府事务（狭义电子政务）、电子政协事务（电子政协）和电子行政事务（企事业单位的电子行政管理事务）。狭义的电子政务＝"电子"＋狭义"政务"，指电子化的政府管理事务。

电子政务涉及利用电子方式开展政府管理、服务活动，具体包括三个方面：一是政务机关电子化的信息活动，包括政务机构及其工作人员通过电子方式或从网上获取信息、政务信息资源形式的数字化、管理的自动化和发布的网络化等；二是政务机关内部办公自动化，包括电子公文管理、会议与领导活动管理自动化、机关事务管理自动化、政府决策支持系统等；三是政务的网上交互式处理，包括网上公文传递、网上项目申请与审批、网络会议、电子福利支付、电子税务、公民参与公共决策、网上选举、网上民意调查、公务员网上招聘、网上公共事业服务等。

2. 电子政务的基本构架

在我国，电子政务的基本构架是指"三网一库"的结构，即内网（内部办公业务网）、专网（办公业务资源网）、外网（政府公众信息网）和资源数据库。

（1）内部办公业务网

内部办公业务网简称"内网"，是政府的内部网络系统，通过内部网络互联，实现信息共享和信息传递。主要用于政府机关内部公文、信息处理和政府系统内部信息传输与共享，提高政府与部门之间的信息快速反应能力，逐步实现政府各类文件、信息处理的无纸化。内网主要包括文件收发、公文管理、签批管理、会议会务管理、政务信息管理、档案管理、领导日程安排、车辆管理、公共信息服务等系统，将政府文件、公文管理、督查督办及上级政府的有关文件批示和下级政府的请示报告都通过网络处理，实现办公自动化、网络化。同时，逐步开发多媒体应用系统，为领导提供桌面式电视会议、可视电视及其他语音图像信息服务等。根据国家有关规定统一建设与因特网物理隔离的党政机关办公专用信息网络及交换平台，各机关单位用电子文档传送资料、文件、通知等信息，使用统一的办公自动化系统，全面实现各机关内部与上下级机关之间办公网络互联互通。运用电子身份认证技术和网络数据库技术，建立严格的安全保密管理机制和政府信息交换系统，实现政府信息在政府机构内的分级共享。内网是整个网络建设中最关键的部分，必须具有如下特点：高起点、高性能，具备可管理性、安全性、稳定性的功能；支持集成的多服务器系统与数据均衡负载，提高网络的性能和稳定性；通过先进的备份、防病毒和安全保护等手段保障数据和网络的安全。在整个内网的建设过程中，最重要也是最关键的问题是办公软件的选用、办公流程的二次开发和应用推进，以便实现办公自动化。

（2）办公业务资源网

办公业务资源网简称"专网"。专网是以政府为中心，连接下级政府、各局委办和政府下属机关部门的办公业务网络。专网必须具备的功能：通过专网进行邮件传输与信息传送，实现远程办公；实现公文管理、档案查询、项目审批、新闻发布等功能；连接各级政府与部门，实现网上各模块之间的逻辑关系。

（3）政府公众信息网

政府公众信息网简称"外网"，是政府面向社会公众开放和服务的综合类门户网站，对扩大政府对外宣传渠道，提高政府工作透明度具有十分重要的意义。政府公众信息网的功能在于：将政府部门需公开的信息在互联网上发布，促进机关政务公开；形式多样、图文并茂地实时播发政治、经济、文化等各类综合新闻和信息；构建一个电子化虚拟政府，使人们可以从不同渠道获取政府的信息及服务；把政府对外办事业务搬上网，推进"一站式"电子政府的建设。

（4）资源数据库

资源数据库也称"信息资源库"，是电子化、数字化的政府信息资源的集合。建立政府资源数据库应采用先进的数据库技术和数据仓库技术，要求政府部门之间分工协作，建立富有特色的资源数据库。

3．电子政务的模式

电子政务的主要模式有 G2G 模式、G2E 模式、G2B 模式和 G2C 模式四种。

（1）G2G 模式

G2G 电子政务即政府与政府之间的电子政务，它是指政府内部、政府上下级之间、不同地区和不同职能部门之间的电子政务活动。该模式是电子政务的基本模式，主要的实现方式可分为以下几种：一是政府内部网络办公系统，指政府部门内部利用办公自动化系统和互联网技术完成机关工作人员的许多事务性工作，实现政府内部办公的自动化和网络化；二是电子法规、政策系统，指通过电子化方式传递不同政府部门的各项法律、法规、规章、行政命令和政策规范，使所有政府机关和工作人员共享完整、动态的法规和政策信息；三是电子公文系统，指政府机构借助网络技术，使传统政府间的报告、请示、批复、公告、通知、通报等在保证信息安全的前提下通过数字化的方式在不同的政府部门间快速传递；四是电子司法档案系统，指通过电子化的手段，在政府司法机关之间共享司法信息，如公安机关的刑事犯罪记录、审判机关的审判案例、检察机关的检察案例等；五是电子财政管理系统。建立在网络基础上的电子财务管理系统可以向政府主管部门、审计部门和相关机构提供分级、分部门、分时段的政府财政预算及其执行情况报告。

（2）G2E 模式

G2E 电子政务是指政府与政府公务员（即政府雇员）之间的电子政务，主要是利用互联网建立起有效的行政办公和员工管理体系，为提高政府工作效率和公务员管理水平服务。主要形式有两种：一是公务员日常管理，即利用电子化手段实现政府公务员的日常管理，如利用网络进行日常考勤、出差审批、差旅费异地报销等；二是电子人事管理，电子化人事管理包括电子化招聘、电子化培训、电子化学习、电子化沟通、电子化考评等内容。

（3）G2B 模式

G2B 电子政务是指政府与企业之间的电子政务。主要形式包括以下几种：一是电子税务系统，即企业直接通过网络完成税务登记、税务申报、税款划拨等业务，并可查询税收公报、税收政策法规等事宜；二是电子工商行政管理系统，即把作为工商行政管理工作主要内容的证照管理等通过网络来实现，使企业营业执照的申请、受理、审核、发放、年检、登记项目变更、核销以及其他相关证件的办理直接通过网络进行；三是电子对外经贸管理，即把与企业进出口业务相关的政府职能直接通过网络来办理，如进出口配额许可证的网上发放、网上结汇等；四是企业综合信息电子化服务，即把与企业经营管理活动有关的政府信息资源通过网络来传递，如科技成果主管部门可以把有待转让的科技成果在网上公开发布，质量监督检查部门可以把假冒伪劣的产品和企业名录在网上公布等。

（4）G2C 模式

G2C 电子政务是指政府与公民之间的电子政务，是政府通过电子网络系统为公民提供各种服务。主要的应用包括以下几个方面：一是电子身份认证，电子身份认证可以记录个人的基本信息，也可记录个人的信用、工作经历、收入及纳税状况、养老保险等信息，还可通过网络申报个人所得税、办理结婚证、离婚证、出生证、学历和财产公证等；二是电子社会保障服务，即通过网络建立起覆盖本地区乃至全国的社会保障网络，使公民能通过网络及时、全面地了解自己的养老、失业、工伤、医疗等社会保险账户的明细情况；三是电子就业服务，即政府机构利用网络这一手段为求职者和用人单位架起一座服务的桥梁，使传统的、在特定时间和特定地点举行的人才、劳动力的交流突破时间及空间的限制，使用人单位随时随地都可发布用人信息、调用相关资料，应聘者可以通过网络发送个人资料，接收用人单位的相关信息，并可直接通过网络办理相关手续；四是电子医疗服务，即政府医疗主管部门通过网络向当地居民提供医疗资源的分布情况，提供医疗保险政策信息、医药信息、执业医生信息，为公民提供全面的医疗服务。

第二章 信息化背景下的政府采购

第一节 政府采购与信息化的基本理论

一、政府采购的含义

随着采购进程的不断推进，政府采购的内涵不断丰富，目前已经形成了一套较为完备的运作程序与制度规则。

（一）采购和政府采购

采购在人类社会的发展中具有悠久的历史，可以说自从有了商品交换活动就有了采购。而政府采购是随着国家的出现而产生的，它是以政府为购买主体、以市场为保障主体，通过交易完成采购行为和目的的过程。为满足社会公共需要而进行的政府采购，是采购的一种重要类型。

1. 采购及其分类

政府采购是一种采购行为，因此要研究政府采购应该首先从研究采购开始。采购是以最低的总成本，在需要的时间与地点，以最高的效率获得适当数量与品质的物资，并顺利交与使用单位及时使用的一种技术。

因此，采购是一个从资源市场获取资源的过程，它应该既是一个商流过程，也是一个物流过程，也就是一个一般意义上的一种经济活动。简单地说，就是购买者以支付为代价，获得其所需要的功能和服务，并使功能与服务所有权发生转移或暂时转让的过程。现代意义上的采购，应该包括一个完整的过程，即采购需求的确定，采购计划的制订，供应货源的研究，采购目标的寻找，采购过程中的合同管理，财务结算及采购后的质量检验和物流配送等。

根据不同标准，采购可分为不同的类型。如果按照采购主体来划分，采购可分为企业采购和政府采购。两者既有共同之处，也存在明显区别。其共同之处在于：它们都是一种商品交易活动，在具体交易活动中都要遵守市场规则和商品等价交换原则，它们采购的目的都是在需要的时候以尽可能经济的方式按可接受的质量标准获得这些商品。两者的主要区别在于：企业采购是以企业为主体的采购，主要是以生产或转售为目的而进行的采购，由于采购涉及成本和质量问题，方式上往往是一个重复选择的过程；政府采购则是以政府为主体，为满足社会公共需求而进行的采购。政府采购包括政府机关采购、公共事业单位采购、社会团体采购和军事采购等。

2. 政府采购的定义

政府采购，是指各级国家机关、事业单位和团体组织，使用财政性资金采购依法制定的集中采购目录以内的或者采购限额标准以上的货物、工程和服务的行为。对我国的政府采购，应该从三个方面来理解。第一，采购必须是由各级国家机关、事业单位和团体组织进行的。第二，采购必须属于依法制定的集中采购目录以内或者采购限额标准以上的采购活动。第三，采购必须使用财政性资金，既包括预算内资金，也包括预算外资金，这两类资金来源于税收和政府部门及其所属事业单位依法收取的费用及履行职责获得的其他收入。要纳入政府采购范畴必须具备以上三个条件。

3. 政府采购的基本特征

按照采购学的观点，通过对政府采购与企业采购进行比较，可见政府采购具有以下几个基本特征。

第一，政府采购资金的公共性。政府采购资金来源于政府财政拨款和需要由财政偿还的公共借款，即由纳税人的税收和政府公共服务收费组成的公共资金，而企业采购的资金来源于采购主体或委托人的专用私有资金。资金来源的不同决定了政府采购与企业采购在采购目的、程序、用途、管理、责任等方面有着本质区别。因此，政府采购资金需要按照法律法规关于财政经费管理的规定进行开支，实施严格的预算限制和公共审计程序。

第二，政府采购主体的特定性。政府采购的主体，是指依靠国家财政资金运作的政府机关、事业单位和社会团体以及公共事业机构等。我国《政府采购法》规定的采购主体是各级国家机关、事业单位和团体组织。世界贸易组织《政府采购协议》规定的采购实体为一国政府部门、机构或它们的代理机构。只有列入清单的实体才受《政府采购协议》约束，名单以外的其他政府部门的采购和地方政府的采购均不受约束。

第三，政府采购活动的非营利性。政府采购一般为非商业性采购，它不是以营利为目标，也不是为卖而买，而是通过购买为政府部门提供消费品或向社会提供公共利益。而企业采购则是出于其生产经营的营利目的。

第四，政府采购管理的制度性。实行政府采购的国家大都制定了系统的政府采购法律、法规和条例，并在此基础上建立了完善的政府采购制度。而企业采购则没有这么多的限制，采购目的是实现企业的营利目标，只受企业自身规章的管理，交易方式相对比较灵活。

第五，政府采购过程的公开性。政府采购的法律和有关运行程序要求政府采购必须在公开的情况下进行，规范的政府采购活动都要有活动过程的记录，所有采购信息都必须可被查询，不允许有秘密环节和私下非规范活动的存在，全程体现了公开、公平、公正和竞争的原则。而企业采购领域则没有相应的硬性规定。

第六，政府采购行为的政策性。由于公共支出管理是国家对宏观经济实现调整的重要手段之一，因此，政府采购作为公共支出管理的一个重要环节，也承担着调控国家宏观经济的使命。同时，政府可以将政府采购作为扶植产业发展和重点企业的手段。政府采购制度一般都是围绕政府意图而制定的，具有较强的政策性。而企业采购没有这种职能和责任。

第七，政府采购机构的规模性。政府采购覆盖面广，从办公用品、家具、汽车到武器装备、航天飞机等，涉及货物、工程和服务等众多产业，具有采购领域宽泛和产业技术复杂的特征，而且采购数量特别巨大。

第八，政府采购监督的全方位性。为了实现政府采购"物有所值"的目标，财政监督的对象不仅是采购实体，还包括采购中介机构、供应商等参与政府采购的机构和个人。而企业采购是企业行为，无须财政对其采购全过程加以监督。

（二）目标和基本原则

虽然世界各国的政府采购活动中，运行机制、监管措施和操作方式各有不同，但都以法律的形式规定了本国政府采购的目标和基本原则，而且在内容和要求上也基本相同或大致相似。这种相似性反映了政府采购规律的支配作用，其目标和基本原则是反映规律的准绳。

1. 目标

从国际政府采购看，各国政府采购的目标一般都集中体现在财政、政府、经济、政治和国家五个方面。从财政角度看，政府采购的目标是节约财政支出，提高财政资金使用效率；从政府角度看，政府采购的目标是强化政府宏观调控职能；从经济角度看，政府采购的目标是活跃市场经济；从政治角度看，政府采购的目标是推进反腐倡廉；从国家角度看，政府采购的目标是保护民族产业。

第一，节约财政支出、提高财政资金使用效率的财政目标。节约财政支出主要表现在两个方面，一是从投入的财政资金量上看，政府采购可以适当节约资金。二是从采购的对象上看，政府采购可以提高财政资金的使用效率。现代政府采购有严格的采购预算管理，专款专用，在很大程度上减少政府采购的盲目性，避免采购资金被挪用而造成财政资金的损失。政府通过建立规范的采购制度，实行集中采购，公开采购程序，应用信息化手段，形成有效竞争和规模经济效益，从而实现少花钱、多办事、办好事的政府采购目的。此目标是推行政府采购的初衷，也是政府采购最基本的目的。

第二，强化宏观调控职能的政府目标。从采购的角度看，单个的采购实体是一种微观经济行为，而政府采购则是政府的一种宏观经济手段。因此，政府采购必须服务于国家的宏观政策目标，这些目标通常反映在一国的政府采购法中。我国《政府采购法》明确政府采购具有对社会总供需进行调控、对产业和产品结构进行调整、平衡地区间经济发展和增加就业的职能。

第三，活跃市场经济的经济目标。政府是市场中最大的消费者，政府采购作为具有特殊性质的一般采购活动，本身就是市场经济的一部分，它的最大特点是在采购活动中较大限度地引入市场竞争机制。政府采购制度中明确规定了政府采购的实施过程中必须遵循的政府采购原则，通过扩大信息公开渠道、采用多种形式的招投标方式和应用信息化手段，调动供应商参与政府采购的热情，提高供应商的市场竞争能力，促使整个市场经济更具活力。

第四，推进反腐倡廉的政治目标。政府采购的经济人假设，说明政府官员也是追求自身利益的，在管理和监督机制不健全的情况下，不可避免地会发生采购人的寻租现象。政府采购作为使用公共资金的一项制度安排，通过在采购单位、采购代理机构和供应商之间建立严格的内部监督约束机制和设立一系列包括各种法律法规、公共媒体和部门监督在内的外部监督管理机制来最大限度地增加政府采购的透明度，减少腐败行为的发生。

第五，保护民族产业的国家目标。在经济全球化背景下，任何一个国家的经济活动都必须在相对开放的国际市场经济环境中进行。随着全球经济一体化进程的加快，关税贸易壁垒的作用逐渐淡化，非关税贸易壁垒的作用日益突出。而在众多的非关税贸易壁垒中，政府采购是世界各国普遍采用的保护本国产业的有效手段之一。通过实施在同等条件下购买本国产品强制性要求，可有效保护民族产业，优先重点培养有实力的国内企业和产品，阻止国外企业的进入。

我国《政府采购法》明确了我国政府采购的五个目标，即规范政府采购行为、提高政府采购资金的使用效益、维护国家利益和社会公共利益、保护政府采购当事人的合法权益和促进廉政建设。

2. 基本原则

政府采购是财政支出管理与市场化商业运作的有机结合，有自己的运行规律，也有自身遵循的基本原则。它是贯穿于本国政府采购全过程和为实现政府采购目标而设立的具有普遍意义的行为。各国政府所明确的政府采购原则，有些是在政策法律中清晰表述的，有些则是隐含在法律规定之中的。归纳各国的政府采购规范，一般都遵循如下八点基本原则。

第一，公开、公平、公正原则。"三公"原则是世界各国共同遵从的政府采购原则，同时也是政府采购的核心原则。我国《政府采购法》明确规定：政府采购应当遵循公开透明原则、公平竞争原则、公正原则和诚实信用原则。这里，公开是指采购活动应具有较高的透明度，政府采购活动只有公开透明，才能为参与政府采购活动的供应商提供公平的竞争环境，为公众创造监督政府采购资金使用情况的条件。公平是指应非歧视对待所有供应商并提供均等机会，公平竞争是市场经济运行的重要法则，没有竞争，政府采购制度就失去了存在的基本依托。政府采购通过公平竞争，可以实现优胜劣汰，让采购人通过优中选优的方式，获得物美价廉的货物、工程或服务。公正是指采购人与供应商之间在政府采购活动中处于平等地位，公正原则要求政府采购按照事先约定的条件和程序进行，任何单位或个人无权干预采购活动的正常开展。

第二，诚实信用原则，亦称诚信原则，是民事活动的一项基本原则。政府采购是采购人以订立采购合同的方式采购货物、工程和服务的民事活动，同样适用这一原则。诚实信用原则要求在政府采购活动中，无论是采购人、采购代理机构，还是供应商或其他有关人员，其从事采购、代理采购或供应货物，包括传达信息、提交文件、评标审标、签订合同、履行合同等都应当诚信真实，讲求信誉，不得掺杂任何虚假成分，不得有任何欺诈行为。

第三，效益原则，也称"物有所值"原则，指在政府采购活动中，要最大限度地节约公共资金，用有限的资金为社会谋取最大的利益。就政府采购而言，其效益应从两个方面理解，一是经济效益，即指财政资金的使用效益，反映了采购主体力争以尽可能低的价格采购到优质的货物、工程或服务；二是社会效益，即指政府采购的社会整体利益，反映了政府采购在社会经济发展中所表现出的实现宏观调控的政策作用。

第四，国内市场优先原则。政府采购行为对国内经济有重要影响，实践中，世界各国都通过政府采购立法来保护本国政府采购市场，扶持本国企业自主创新。具体方式主要有：一是规定国际采购的本地含量，即在国内的政府采购立法中，规定国际采购中的本地产品和劳动含量，以此保护本国企业；二是给予本国企业以优惠，即在国际招标中给予国内投标人以优惠价格；三是优先购买本国产品，即公共采购单位要充分考虑本国的产业发展要求，尽量采购国内商品；四是以外汇支付平衡、国家安全、保护环境等正当理由，禁止或限制国外供应商进入本国政府采购市场。

第五，市场竞争择优原则。竞争是市场经济的灵魂，政府采购作为政府和供应商在市场上互动的经济行为，理应引入竞争机制。政府采购的目标主要是通过促进供应商、承包商和服务提供商之间最大程度的竞争来实现的。通过竞争，形成政府采购的买方市场，鼓励投标人提供优质、高效、廉价的商品，促使政府采购目标的实现。发达国家及国际组织都将竞争性原则作为政府采购法律制度的一项重要原则。

第六，非营利原则，即政府采购是一种非商业性的采购行为，具有内在的非营利性。因此，政府采购管理部门在向采购实体提供办公设施、办公物品等时应采取成本价原则。不难发现，营利不是政府采购的目的，其真正意义是满足公共服务的客观需要，实施宏观调控，以政府采购引导资源在市场的优化配置。

第七，适度集权原则。这是基于我国目前市场经济还不完善、财政支出管理秩序有待规范的国情而提出的。国际上通行的做法是由财政部门归口管理政府采购。在我国，政府采购则是由许多部门协调配合来进行的，即政府采购管理体制在集中、统一的过程中要注意发挥各部门、各地方的积极性。

第八，反腐倡廉原则。政府采购制度应尽量弱化"人治"约束，积极促进政府官员依法行政，消除采购过程中的腐败现象。为此，政府采购制度的设计就必须有制度约束机制，即制度安排上要形成一个各行为主体之间的责、权、利相互约束的力量。

（三）组织模式和采购方式

政府采购的组织模式和采购方式是在具体的政府采购活动中所采用的采购方法，各国一般依据本国国情，在相关的政府采购法律中规定符合本国政府采购特点的组织模式、采购方法和适用条件。

1. 组织模式

根据政府采购集中程度的不同，各国政府采购的组织模式也不尽相同，有的实行集中采购模式，有的实行分散采购模式，也有的实行半集中半分散的采购模式。

第一，集中采购。集中采购是指本级政府各部门所需要的货物、工程和服务由本级政府所设的集中采购机构统一实施。集中采购的优势在于能够集中采购要求，形成规模购买优势，节约采购成本。

第二，分散采购。分散采购是指具体的采购业务由各个部门和地方政府分别按照采购预算负责自行采购。分散采购与集中采购正好相反，其优点是易于沟通、信息反馈迅速、手续简单，能够满足使用部门的特殊要求和紧急需要。但是，分散采购容易出现不易控制的局面，并且不能形成规模购买优势。

第三，集中和分散相结合的采购，也称混合采购。混合采购是指在政府采购中既有一部分是按照集中采购模式进行操作的，也有一部分是按照分散采购模式进行的。这种组织模式相对比较灵活，既有集中采购的规模效应，也有因特殊原因不能实现集中采购时的快捷。世界上大多数国家采取的是这种集中采购与分散采购相结合的组织模式，即一部分物品由一个部门统一采购，一部分物品由各支出单位自己采购。我国政府采购应用的就是这种组织模式。

2. 采购方式

政府采购方式，是指政府采购主体采购货物、工程和服务时，根据采购的不同情况所采用的法定方式。

目前，发达国家的政府采购方式主要有招标采购、询价采购、单一来源采购和谈判采购等。其主要做法是：对于以价格为主要因素又相对较容易的合同，采用公开招标方式；对于较复杂的合同，采用协商或竞争性投标相结合的方式；对于少数极为复杂的合同采取有竞争性的协商谈判方式；对于极廉价的采购或极例外的特殊情况，才允许采取单方投标方式。

二、信息化与政府采购的融合

信息化和经济全球化是当今经济社会发展的主要特点，信息化被广泛应用于人类社会生活的各个领域，推动全球经济不断向前发展。信息化与政府采购融合，有效提高了政府采购透明度，提升了政府采购质量和效率，降低了采购成本，促进政府采购经济和社会政策目标的实现。

（一）信息化的概念与内涵

信息化是对信息技术普遍应用、信息经济形成态势和信息社会和谐自序的高度概括。当信息突破时空局限，广泛深入地渗透到生产、流通、消费等各个领域时，它改变了传统的行为方式、经营管理模式和生产组织形态，影响了世界范围内的产业结构调整和资源配置，加速经济全球化进程，也给政府采购带来了在全球范围内有效配置资源的新的发展空间。

1. 信息化的概念

信息化是指社会经济的发展主要由以物质和能量为重心，向以信息为牵引，知识为支撑，并与物质、能量相融合的协同运行方式，以及培养以计算机等智能化工具为代表的新生产力，并使之造福社会的发展过程。政府采购领域的信息化应用主要指电子政务和电子商务两大类，其中电子政务是借助电子信息技术而进行的政务活动，它以政府为实施主体；而电子商务是通过电子方式进行的商务活动，以政府和企业为实施主体。在政府采购信息化应用过程中，以电子商务为主要运行模式。

信息化作为一个复杂的、循序渐进的发展过程，需要经历不同的发展时期。目前阶段的国际政府采购信息化应用，主要集中在信息化应用初期的电子化政府采购阶段。所谓电子化政府采购是指在网络安全认证的基础上，采购主体在网络上进行采购、交易支付等电子作业，它主要是创建政府采购系统，通过改变传统采购业务的处理方式，优化采购流程，将采购活动的有关财务处理及支付、招标及投标逐渐由手工转向网络处理。功能主要包括电子认证、专家库和供应商库、合同签订管理、监控、信息发布、采购文件下载上传、网上开标评标、电子招标、电子合同、电子支付等。这些功能的发挥，在经济效益方面，降低了管理成本，缩短了招标准备时间，增强了采购的及时性，提高了采购的准确性和采购质量，健全完善了统计体系。在监督管理方面，实现了全过程的公开透明，减少了纸质文件容易出现的错误和人为因素干扰，方便对政府采购进行全过程监督。电子化政府采购是信息化政府采购发展的初级阶段。

2. 信息化的内涵

信息化的过程本质上是信息的自组织过程，我们可以用广义突变论来解释信息化的内涵。广义突变论提出当支持系统循环的均匀介质中有一种新的"相"出现，并因此产生对称性破缺时，系统循环过程就会失去结构性稳定，发生突变。

由于信息化的发展与网络经济的产生，构成生产力的要素也在不断增加，并不断占据了生产力要素的主导地位，使得生产力水平由于信息的发展而不断上升。主要表现在六个方面：一是使生产力的首要因素劳动力对信息的依赖空前增强，并促进新型信息劳动者的出现与快速增加；二是使生产力中的活动因素劳动工具网络化、智能化，信息网络本身也成了重要的劳动工具；三是使不可缺少的生产要素劳动对象能够得到更好的利用，并扩大了涵盖的范围，数据、信息、知识成为新的劳动对象；四是使生产力中起带动作用的科学技术对经济和社会的渗透作用和带动作用不断强化；五是管理对生产力发展的决定性作用更加强化，管理广泛渗透到网络化的各种业务流程中，信息既是管理的基础，又是管理的对象；六是作为生产力特殊要素的信息与知识，通过对生产力其他要素（劳动者、劳动工具）的重大影响和通过这些要素的有序化组织和总体性协调，促进生产力的快速发展。

因此，我们可以这样理解信息化：信息化就是由于计算机网络及信息技术这种新的"相"的出现，导致社会信息循环过程发生重大的结构性演化，从而引发社会物质循环过程和能量循环过程伴随性演化的社会自组织演化过程。在信息化之前，工业、农业等产业在原有维度社会系统空间中稳定循环，信息化作为与原空间正交的维度空间在社会进化过程中与原有社会系统空间在同一时期进行叠加，信息化渗透到原有产业中，必将改变原有产业的生产与发展模式，使之在更高维度空间中与信息化高度融合、快速发展。

（二）信息化与政府采购融合的要素分析

从具体形态看，信息技术带来的突变效应反映在信息化给政府采购带来了充足的信息资源，通过充分利用这些资源，并将它们有效作用于政府采购的实现要素，实现信息化与政府采购的融合，这是提高政府采购效率，带动政府公共服务品质大幅提升的重要途径。

1. 实现要素

信息化是当今社会生产力发展和人类文明进步的强大动力。全球信息技术创新及其广泛应用，推动世界范围内生产方式、生活方式和经济社会发生着前所未有的深刻变革，信息资源已经成为与能源、材料同等重要的战略资源。信息化的最大特点是将先进的计算机网络和信息技术广泛渗透到人类和社会活动的各个环节，并使之发生质的变化和飞跃。因此，将信息化应用于政府采购的主体、资金、市场、规则和物流等要素，可将传统的政府采购方式由纯物理环境引入到一个以实体环境为基础、以信息贯通为手段并能高效运作的新环境。

具体而言，信息化作用于采购主体，改变了人的传统思维方式，形成了新的网络化交易理念，培养了适应电子商务的工作能力，培育了一批高素质懂技术的政府采购信息化人才；信息化作用于采购资金，产生了电子支付、网络银行等新概念，应用电子认证手段，保证了政府采购资金流在整个环节链条上的安全传递，也创造了虚拟经济条件下的政府采购资金增值的新渠道；信息化作用于采购市场，派生出新型的跨部门业务协同的政府采购信息化服务平台，营造了"7×24"全天候、不间断、点对点、突破时空局限的采购"场所"，提供了供应商、采购目录的电子化管理和动态维护，所有的采购信息、招投标信息、供应商信息都在网上一览无余，真正实现了政府采购的"三公"和透明原则；信息化作用于采购规则，出台了诸如《中华人民共和国电子签名法》等维护政府采购电子商务交易合法性的相关法规，为政府采购的网络化运行提供强有力的法律保障；信息化作用于采购物流，出现了电子物流、数字物流的新理念和新物流运作方式，延伸了采购链条，节约了资源和采购成本，提高了采购的整体运行效率。

2. 融合分析

信息化突破时空局限，引发经济全球化，给政府采购带来了在全球范围内有效配置资源的新的发展空间，有效利用信息资源对政府采购显得格外重要。对政府采购领域而言，信息化与政府采购的融合，不断开拓了政府采购资源地域范畴的可行空间，加速了产品种类范畴的技术深化。在这一开拓空间和加速深化的过程中，信息化作用于政府采购的五个实现要素，使政府采购与外部环境之间呈现出更加复杂的系统关联。怎样保持和谐、有序的发展关系，同时实现政府采购最佳的经济效益是系统由简到繁、由无序到有序的重要目标？信息化背景下的政府采购本质就是使其运行的效率、效益和效用得到不断提高，从而带动政府公共服务品质不断提高的过程。信息化与政府采购的融合还表现在通过信息的贯通使人与事的关联更加紧密。信息是经过处理、筛选、组合、加工后的数据产品，反映了人们对事物规律的认识和各种知识积累的成果。在采购活动实践中，人们不能简单地直接使用这些信息，要对这些信息进行理解，并在理解信息的基础上，综合应用各类信息的集成价值，有针对性地发挥各类信息的效用。理解信息是人们运用信息指导实践的基础，是信息由数据到知识的跃升。

政府采购体系的拓展引发了系统由简单到繁杂的变化，系统繁杂意味着系统的复杂和升级，这是政府采购跃升的表现，但复杂系统与简单系统相比在系统或单一事项上增加了处理的难度。在安排或决策时不仅要考虑系统性问题，还要考虑单一事项与其他事项的关系问题，以及对系统的影响问题。因此，必须通过信息化的支撑解决复杂系统问题，使系统在运行中能去粗取精，去伪存真，合理协调各种关系，确保系统的运行不断趋于和谐自序。当系统运行达到和谐自序的境界时，也就意味着系统变化成为一个具有自平衡能力的成熟系统。和谐自序是信息化与政府采购深度融合和高效运行的重要标志。

（三）信息化在政府采购中的功能

随着计算机和网络技术的发展，信息化从根本上解决了传统采购方式难以克服的时间和空间问题，使采购活动更加方便、灵活、快捷，缩短了采购周期，降低了采购成本，提高了采购效率，同时也成为政府采购的最佳手段，为实现政府采购目标提供了有效的技术保障。

1. 有助于实现政府采购"三公"原则

政府采购作为国家调控宏观经济的重要手段，在采购活动中与一般商品采购最大的区别在于必须体现公开、公平、公正原则。信息化利用先进的信息技术手段，规范了政府采购制度，再造和优化了政府采购业务流程。采用计算机网络手段，扩大了可供选择的供应商数量，采购人可以通过网络在更大范围内进行比较，从中选择报价和服务最优秀的供应商，供应商也可以通过公开信息，及时了解政府采购的需求。所有的采购信息通过网络实时对社会公开，网络环境有效地提高了采购交易的透明度，在一定程度上减少了政府采购理性人因信息不对称问题造成的寻租问题。网络标准采购文件的采用，为中小企业提供了与其他供应商一道广泛参与政府采购的平等机会，营造了公平竞争的良好社会环境。

2. 有助于规范政府采购行为

信息不对称会造成逆向选择和道德风险问题，因此，需要有一种有效的激励机制，以诱导采购参与者尽可能多地显示他所掌握的信息并接受政府的监管，避免投标人隐瞒信息或改变行为而给公众利益造成损失。信息化正好提供了这样的机制：投标人提供的相关信息都通过网络设计在一个投标系统中，再加上跨部门采购业务协同系统的信息共享，可以对以上各种信息的真实性进行检验，通过对各种信息进行分析、整理和汇总，建立相应的数据库管理和加强采购流程控制，最大限度地减少人为因素的干扰。通过标准化的信息技术将与合同相关内容纳入契约结构中，借助技术的刚性力量，规范政府采购行为，降低道德风险发生的可能性。

3. 有助于提高政府采购效率，降低采购成本

信息化突破了政府采购的时空局限。第一，改变了传统的信息交换方式，使采购各方可以通过网络即时互动，增加了信息的传递速度，提高了信息交换率，降低了政府采购的信息和营销成本。第二，减少了采购流通环节。扁平化的政府采购组织能有效避免传统采购流通中的多层次状况，降低了由空间和时间间隔带来的成本。第三，降低了结算成本。利用电子货币，通过网络决算系统进行远距离汇兑，可以大幅降低结算成本，服务信息的接受、传递与结算信息融汇在一起，提高了结算效率。第四，降低了物流配送成本。网络环境下的数字物流，为物流资源创造了一个虚拟的高度组织化的运动空间，通过对物流资源和物流运动方式的有效组合，增加了物流配送的合理化，使货物实体在实际流动过程中，达到效率最高、成本最低、距离最短、流量最大、时间最少的目标。

4. 有助于加强政府采购监管，减少腐败

信息不对称条件下的自由裁量权和寻租机会，不可避免地会在采购人与供应商之间形

成合谋。因为这种行为具有极大的隐蔽性，在缺乏有效技术手段的前提下，一般不易察觉。随着政府采购规模的不断扩大，政府采购在国家宏观调控中的地位不断加强，更加需要对迅速增长的政府采购业务进行高效的管理和有效的监督。信息化的最大特点是增加了信息对称，网络的开放性促使政府采购活动的透明度不断提高，在很大程度上加大了腐败的成本，助其逐渐成为"阳光下的采购"。网络的共享性，使对各类信息数据资源进行客观、及时、全面的统计和分析成为可能，政府采购监管部门可以系统跟踪采购全过程，便于对政府采购实施管理和监督，同时也为建立科学的财政管理和决策提供了重要依据。

第二节　政府采购信息化的技术发展环境

一、电子认证支撑环境

信息化背景下的政府采购应选择与投标各方利益无关的中立权威的第三方电子认证服务机构，实现安全、公开、诚信的网上采购业务，包括网上公开招标、公平投标、公正评标，以提高政府采购的工作效率，增加采购的透明度，真正实现阳光采购。

（一）新型电子认证服务体系

发展电子认证服务体系建设对政府采购信息化应用发展具有巨大的促进作用，建立有效支撑业务发展的信息安全基础设施将推动电子化政府采购快速发展。目前，大多数的电子化政府采购安全问题的解决方案都是以 PKI（Public Key Infrastructure）为基础的，而在整个 PKI 架构中，CA 始终处于核心地位。CA 的职责是数字证书发放、更新、撤销和验证。电子认证服务可为电子化政府采购的各个环节提供信息安全服务，它参与每次交易，但不涉及交易内容。

新型电子认证服务体系包括 CA 认证中心基础设施、服务交付体系、服务支持体系、应用支撑体系、安全管理体系五个部分。

CA 认证中心基础设施包括 CA 系统、RA（Root Authority）系统等，是数字证书及相关服务的生产系统。服务交付体系包括服务交付相关的业务支撑及管理系统，将 CA 中心的电子认证服务交付给用户。服务支持体系包括服务支持相关的业务支撑及管理系统，用户通过系统获得电子认证服务支持。安全管理体系是电子认证服务机构建立的自身的安全管理体系，包括认证系统的物理环境、网络通信、人员权限管理、日志审计、数据安全、设备安全、策略安全等多个方面。应用支撑体系包括密码服务、证书应用中间件和证书应用安全系统等多个层次构成，为包括政府采购在内的各类应用系统提供身份认证、完整性保护、权限验证、责任认定等安全服务功能。

（二）信息化背景下政府采购的安全需求

信息化背景的政府采购，除去通用的物理层安全、主机安全和网络安全外，在应用层面上，政府采购网上招投标系统还有着特殊的安全性需求。

网上招标流程通常具有招标信息发布、投标企业查阅、标书投标、评标和结果发布五个阶段。

分析以上每一个阶段的业务特点，应当在身份合法性、权限控制、不可抵赖性、安全传输、时效性、安全存储等方面，建立起电子认证服务的招投标应用支撑体系，以满足具有网上招投标自身特点的安全需求。

在身份合法性方面，必须能够确认招投标人身份，保证只有适当的人才能访问适当的业务；在权限控制方面，招标方操作人员和主管领导、投标方操作人员、评审专家各司其职，每个角色只能完成自己分内的工作，查看自己分内的信息；在不可抵赖性方面，投标企业在发送投标书后不能抵赖，不能否认自己的投标行为和投标书内容；在安全传输方面，投标信息在网络上传输时，要不能被其他投标人了解和篡改，要能够证明投标信息的真实性和完整性；在时效性方面，招标信息要在同一时间通知投标方，投标资料需要在同一时间被打开，防止有人从中舞弊；在安全存储方面，即使网络主机被黑客攻破，存储的投标文件被竞争对手获取，由于投标文件是采用数字信封封装的加密信息，竞争对手也无法获得投标文件的内容。

（三）基于电子认证技术的网上招投标解决方案

网上招投标是政府采购信息化应用的重要环节之一，网上招投标主要需要解决认证、电子数据签名、传输和标书等安全问题，并基于 PKI 电子认证技术，结合对称加密、Hash 函数和门限算法的网上招投标安全问题的电子认证技术应用提出各种解决方案。

1. 认证问题

认证就是验证所收到的信息并确定是来自真正的发送方且确保未被篡改。网上招投标认证包括站点认证和身份认证。

站点认证是为了防止假冒站点伪装成合法招投标站点，诱骗用户资料，如投标书等。解决办法是在招投标站点上安装表明其身份的数字证书，并通过加密套接字协议（SSL）

链接从第三方电子认证服务机构中获取真实的站点信息，以便访问者鉴别投标站点的真伪。

身份认证是为了认证登录用户身份的合法性，必须能够确认招投标人身份，保证只有适当的人才能够访问适当的业务。同时具有权限的控制，招标方操作人员和主管领导、投标方操作人员、评审专家各司其职，每个角色只能完成自己分内的工作，查看自己分内的信息。认证手段必须是可靠的和不易攻击的，所以不能采用用户名/密码的身份验证方式，必须采用数字证书作为登录凭证，利用 PKI 技术实现系统登录和身份鉴别。

2. 电子数据签名

在网上招投标活动中，各方会提交大量的重要电子数据，必须对这些重要的电子数据进行数字签名，以防止发送者对提交的数据有抵赖行为。同时为防止签名的数据被非法重复使用，还须在签名时加上数字时间戳。

第一，供应商首先要利用 Hash 函数计算订单的消息摘要，并用其签名私钥对消息摘要进行加密，形成数字签名。

第二，供应商将消息摘要发送到提供数字时间戳的第三方电子认证服务机构。

第三，第三方 CA 对消息摘要加上标准时间和供应商的签名公钥后，用其签名对签名公钥进行加密，形成数字时间戳，然后返回给供应商。

第四，供应商将订单的数字签名和权威的数字时间戳链接后发送给招标机构。在网上招投标中通常会将数字签名和权威的数字时间戳保存到数据库中，以便为日后追踪、明确责任和解决纠纷提供依据。

第五，招标机构收到供应商的订单后，首先计算收到的订单的消息摘要，然后用供应商的公钥对其签名进行解密，如果计算出的摘要信息与解密出的结果一致，则认为签名是有效的，同时也验证了订单的完整性和有效性。

3. 信息传输安全

网上招投标过程中所有的信息交换都是通过互联网来传输的，对于敏感的信息必须防止在传输过程中被窃取或被篡改，解决方法通常是通过专用协议来实现用户与招投标服务器之间信息传输的加密和完整性校验。当用户通过专用协议访问招投标服务器时，数据的传输是通过 SSL 协议来进行的。因此，网络上传递的信息都是经过加密的，从而杜绝了信息在传输过程中被窃取和泄漏。另外，SSL 本身具有数据传输的完整性校验，每次传输数据时不仅发送加密的数据，也发送校验码，有效防止了数据在传递过程中被篡改。

4. 标书安全

标书是招投标中最敏感的数据，网上招投标必须要有高度的安全保密措施，必须保证确保上载过程中标书的保密性和完整性，确保标书上载后保存的安全保密性，确保标书是在开标有效时间内才能开封，确保开标时投标方和开标组成员同时在场。

实现标书安全主要依据规范的电子开标流程，即：第一，根据开标规则文件，必须按照标准确定法定人数的开标组成员到场参加开标，否则不能解密标书文件；第二，判断投标时间是否在开标时间之前，若不是则认定为废标；第三，利用投标人的私钥解密投标密钥数字信封得到投标人密钥；第四，计算并恢复解密标书的机密密钥；第五，利用机密密钥解密标书。

通常，投标人必须是开标参与方，而在实际工作中如果没有这个要求，则必须由可信的第三方 CA 产生机密密钥，并分发给相关人员，这样，代理人也可参加网上开标活动。但委托代理必须事先得到招标机构确认，将其视同为投标人并通知所有投标人。

二、在线支付支撑环境

在线支付也称网上支付，是指采购人、供应商和金融机构通过互联网发出支付指令，安全地处理电子货币信息，以偿清购买者和销售者之间在获取实物资产、金融资产、信息技术或服务等时所承担的债务或金融交换即支付行为。

(一) 支付工具与支付流程

信息化背景下的在线支付是基于原有的传统支付活动，借助网络化的互联网环境，而实现的资金的安全快速流转方式。目前，在线支付在发达国家的应用较多，在我国尚属新生事物，虽然有关在线支付的法律条款还未出台实施，但伴随我国经济的持续快速增长和信息化、经济全球化进程的不断推进，社会经济活动已经对现代金融提出了新的要求。

1. 支付工具

目前，发达国家常用的在线支付工具主要有电子信用卡、电子现金和电子支票三种。

第一，电子信用卡。这种电子支付方式的基本做法是通过专用网络或国际互联网以信用卡号码传送做交易，持卡人就其所传送的信息，先进行数字签章加密，然后将信息本身、数字手签章经 CA 认证机构的认证后，连同电子证书等一并传送至商家，商家验证证书，解密被加密的数据完成交易转账。使用电子信用卡进行在线支付，可以充分发挥网络交易便捷、迅速的优势。

第二，电子现金。电子现金是以数据形式流通的货币，它把现金数值转换成为一系列的加密序列数，通过这些序列数来表示现实中各种金额的币值，用户在开展电子现金业务的银行开设账户并在账户内存钱后，持有这些加密的序列数的用户就可像用纸币现金一样，在社会上购置货物或进行电子现金的交易等活动。目前，在网络交易中使用电子现金的交易并不多。原因在于：首先，只有少数商家、银行接受电子现金；其次，电子现金对于软件和硬件的技术要求较高，需要一个大型的数据库存储用户完成的交易和电子现金序列号以防止重复消费，成本较高；再次，由于电子货币仍然以传统的货币体系为基础，在进行跨国交易时必须使用特殊的兑换软件。

第三，电子支票。电子支票是一种借鉴纸张支票转移支付的优点，利用数字化网络传递将钱款从一个账户转移到另一个账户的电子付款形式。它使用电子签名做背书，而且使用数字证书来验证付款者、付款银行和银行账号。目前，电子支票支付在互联网上的传输采用的是电子资金转账（Electron Fund Transfer，简称 EFT）方式。所谓 EFT，是指客户在网上交易后，通过其银行内账户的存款，将货款以资金划拨方式付给商店的银行账户，过程类似于传统的银行资金转账，区别是它直接通过互联网完成。

2. 支付基本流程

金融支付是经济活动中重要的业务环节，网络在线支付是适宜信息化背景的金融模式创新。网络环境中的金融支付不同于传统的物理业务操作方式，有严格的网络流程要求。网络环境中在线支付的基本流程：先从网站提交一个支付信息到支付平台，其中包含支付账户名、客户信息和金额，支付平台再将这些信息保存后将所需金额提交到银行接口，客户登录银行支付成功后，银行将成功信息返回给支付平台，支付平台将成功信息返回给网站的接口，再由网站端进行验证处理后实现付款确认。在数据传输的过程中，一般利用PKI 技术实现系统登录和身份鉴别。

（二）支付的支撑环境

信息化支付系统包括各商业银行的行内电子汇兑系统、全国银行电子联行系统、全国金卡中心的 POS 网络、各地的同城小额批量系统和实时支付系统，构成了中国国家现代支付系统。支付网关涉及网上交易的安全问题。当前在线支付的安全协议有 SET 和 SSL 两种。SET 安全电子交易安全标准主要通过公开密钥加密、电子数字签名、电子信封、电子安全证书等以保证支付信息的加密传输和支付过程的完整，其特点是银行和商家之间是背靠背的，商家只能得到消费者的订购信息，银行只能获得支付信息，而 SSL 安全接层安全协议是采用公开密钥和私有密钥两种方法对支付信息进行加密传输，确保计算机会话过程满足现实需要的安全性。

1. 金融大额支付系统

现代金融支付系统是支付服务网络体系的核心，主要由大额实时支付系统和小额批量支付系统两个应用系统组成。其中，大额支付系统逐笔发送处理支付指令，全额实时清算资金，主要为各银行机构和金融市场提供大额或时间紧急的小额跨行支付清算服务。大额支付系统要求其在功能、技术性能和安全效率等方面都必须绝对可靠。

2. 支付平台

构建网络在线支付平台是尝试在信息化网络环境下进行产品和服务模式创新。实践证明，应用平台不仅拓展了银行原有的业务经营范围，还取得了分流柜台业务、节约运营成本、增加中间业务收入的良好效果。

在线支付具有直观、直接的特点，无须透过中间层就能快速实施支付。为方便个人用户的使用，这些平台一般在系统后台中都为供应商定制了傻瓜式的按钮，只要嵌到网页中就可以使用。除此之外，还配备有技术人员的专门服务，帮助客户在网站上整合在线支付功能。这些平台服务商目前多数采用了免费的服务方式，其目的很明确，就是优先培育客户的网络应用习惯，通过操作系统的推广，先期免费使用，待用户数量达到一定规模，并对系统产生依赖后，再实行收费。从目前的在线支付平台发展看，我国的互联网支付服务已经形成包括有银行、地方银联及第三方支付服务商的发展格局，各类支付服务机构拥有不同优势的资源并互相渗透，共同向商家提供在线支付与结算服务。

（三）基于电子现金的在线支付方案

在线支付是以商用电子化工具和各类电子货币为媒介，以计算机技术和通信技术为手段，通过电子数据存储和传递的形式在计算机网络系统上实现资金的流通和支付。在线支付采用了先进的数字化技术通过计算机和网络实现了货币的存储和交易。在线支付具有方便、快捷、高效、经济和安全等特点和优点。

政府采购信息化系统，是以传统采购过程优化再造为目标，全面提升信息系统的技术内涵，实现"以产品为中心向以客户服务为中心"的战略转移，达到对外充分适应、快速反应，对内高效沟通、快速决策。

政府采购借助信息技术的先进手段，建立高效的网络采购平台。基于互联网的交易管理和采购平台，给政府采购提供了便利，同时也对采购的管理和经营提出了更高要求，关键是对信息的有效控制，建立信息引导的管理和决策体系，使采购的要素关系更加合理。通过建立完善的信息化采购体系，促使政府采购过程的物流和资金流运转更加便捷、可控，实现政府采购信息流、物流与资金流的"三流合一"。

电子现金认证中心负责确保电子交易的安全性，它是权威的第三方认证机构，主要负责签发证书、认证证书、识别用户身份，并对用户证书进行签名，以确保证书持有者的身份，其中涉及采购方、电子银行、供应商和电子现金认证中心 4 个实体。目前的业务包括注册、开户、取款、支付和存款五部分内容。

1. 注册

注册是指电子银行和采购方都要向 CA 注册自己的身份信息。

电子银行的注册是指电子银行向 CA 注册银行名称、营业执照号等有关信息，以证明自己是合法的电子银行。

采购方的注册是指供应商向 CA 提交姓名、身份证号等相关信息，CA 向采购方提供包含其身份信息的电子证书，以证明身份的合法性。

采购方可以从 CA 处查询合法的电子银行信息，以决定在哪家电子银行开户。

2. 开户

开户是指采购方和供应商在电子银行设立账户。

采购方开户是指采购方向银行出示 CA 的签名，确认是注册用户。银行根据 CA 的公钥取得采购方的身份信息，银行在其数据库内存储该身份信息和 CA 签名。

供应商开户是指供应商向银行提交商家名称、营业执照号等相关信息，银行生成该商家的账号并进行存储。

3. 取款

取款是指采购方从自己的银行账户上提取电子现金。取款过程包括：采购方先向银行出示自己的 CA 签名，证明是该账户的持有者，然后将取款需求传送给银行；银行首先验证采购方身份的合法性，若验证通过，则从采购方的账户中减去相应的取款数，并将账户取款数量及签名发送给采购方。

4. 支付

支付是指采购方使用电子现金从供应商处购买货物，采购后，将电子现金发送给供应商，供应商验证电子现金上银行的签名，若验证通过，则发送带有商家银行账号信息的质询串给采购方，采购方在接收到供应商发送来的质询串后，发送应答串给供应商，供应商验证应答串的有效性，若验证通过，则接受用户的支付并发货给采购方，否则，拒绝接收此次支付和发货。

5. 存款

存款是指采购方及供应商将电子现金存入自己的银行账户上。在这一步中银行将检查存入的电子现金是否被合法使用，如果发现有非法使用的情况发生，银行将联合认证中心 CA 跟踪非法采购方的身份。供应商的存款过程是：经过一段交易周期后，供应商将收到的电子现金到银行进行存储。供应商将在支付中得到的电子现金的一个副本和自己的账号传递给银行，银行首先对电子现金进行有效期检查，确认是否有效，若检验有效，银行则将电子现金和交易日期时间存入电子现金数据库，并将此现金的数额存入供应商的账户。

由于引入了电子现金认证中心 CA，强化了安全保证，在电子现金中同时嵌入了 CA 和银行的签名，增加了伪造的难度。因为采购方的私钥是保密的，其他人无法得知，包括银行、供应商和其他的攻击者，都不能伪造采购方的签名，因而都不可能伪装成一个合法用户。如果有非法用户伪造电子现金，银行会通过检查采购方的付款记录和银行的签名，很容易进行甄别，因此，可以保证电子现金的不可伪造性。供应商和银行也不可能伪造出电子现金，因为取款过程实质上是盲数字签名协议，在支付和存款过程中，商家和银行得到的信息都是盲化后的信息，而无法得到原信息。

银行收到电子现金后，通过检索自己的数据库，若发现相同的货币，则表明在买卖双方肯定有一个是欺诈者。若新发送来的电子现金的交易日期、时间与搜索到的相同，说明供应商在重复存储该电子现金。否则，说明采购方在重复使用同一电子现金。这样就解决了重复花费问题。

（四）支付技术方向

在线支付是信息化应用必不可少的支撑体系，今后一段时间在线支付的技术方向需要具备：实现支持基于 XML 的电子商务的开发技术体系结构，采用具有模块化扩展能力的软、硬件系统，充分保证系统的开放性、可扩展性；开发基于 J2EE 体系架构的电子支付系统，使系统具有强大的抗攻击能力和平台的无关性，保障用户可以在不同的支付终端实现自己的支付行为；实现银行卡验证、地址验证、身份验证等多种身份认证机制；采用断点接续技术及故障恢复重传技术，保障用户数据不丢失；采取动态软键盘的技术，确实使攻击者无法截获密码；运用数字认证技术，支持《中华人民共和国电子签名法》采用 CA 证书进行身份认证；建立强大的软、硬件结合的防火墙体系，开展防黑客入侵、防病毒、漏洞扫描等工作；采用"双保险"的支付架构，在银行端使用 128 位加密算法和安全电子交易协议，支付平台本身使用 PKI 作为安全架构，通过数字签名技术对信息进行加密和校验，确保在互联网上数据传输的机密性、真实性、完整性和不可抵赖性。开发创新基于 XML 的电子商务的新型协同协议，研究并实现电子商务活动中的信息安全的完整的交易协议。解决用户、商家、银行的信息加密安全，采用多方可以认证的、易操作的交易流程设计，达到交易完整可靠，实现买卖双方完全可以相互信任的对象访问协议。

第三节　信息化背景下的政府采购组织优化

一、功能牵引的政府采购组织改造需求分析

结构决定功能，新的功能需求又反过来要求对原有组织结构进行优化改造，以实现功能的跃升。伴随信息化进程的不断推进，政府采购功能的内在性和外部性均要求其加速与信息化融合，以满足自身发展的要求，即通过信息网络技术的使用，实现全过程的信息对称和交易行为的公开透明，促进政府、企业与社会意志的和谐统一。在这个过程中，政府采购新的功能对其组织结构改造提出了新的优化需求，并促进组织改造的结构向满足功能的方向变化，使政府采购更加符合理想目标，发挥对国家经济社会发展的政策导向作用。

（一）政府采购的电子商务应用需求

在信息化背景下，要实现政府采购的组织结构优化必须借助信息技术工具。信息网络的兴起和电子商务的应用为政府采购发展和提高其对公共事业服务效率开创了新的空间。电子商务是网络化的新型经济活动，正以前所未有的速度迅猛发展，已经成为主要发达国家增强经济竞争实力，赢得全球资源配置优势的有效手段。从广义上讲，电子商务是指现代的一种商业行为，其目标在于顺应企业与客户的需求，通过网络应用，达到降低成本，增进商品及服务质量，实现提升商务效率的目的。从狭义上讲，电子商务是指运用计算机网络来销售或购买信息、产品和服务等的行为。电子商务的这一功能，恰好迎合了政府采购的职能、功能的发挥和自身发展的需求。

1. 政府采购倡导电子商务应用的功能定位

政府采购倡导电子商务应用，主要是它具有传统经济所不具备的特殊优势。一是交易双方的商业活动可以通过网络进行各种准备而无须见面，大大减少了交易成本；二是需求方利用网络信息对商品进行充分的选择，使需求方能更真实、更迅速地了解供应商及其产品，做到货比多家，自由选择；三是供应商能够在网络上了解到需求方信息，使自己的生产活动更加有的放矢、市场针对性更强，并通过不断改进产品和优化服务提高市场竞争能力；四是网络的虚拟库存功能，使周转和备用资源的库存数大大减少。网络交易为供需双方提供的这种新的赢利和发展空间，使供需双方用电子商务这一新的形式实现交易目标。

电子商务条件下的政府采购功能不仅能更好地满足《政府采购法》确定的五个基本目

标的全面实现，而且有利于拓展政府采购功能，更好地履行政府促进经济社会发展的宏观调控职能，通过控制资金的投向、投量，实现产业扶持、政策资助和平衡经济总量、稳定经济增长速率等功能。

2. 政府采购电子商务的政策需求

电子商务进入采购领域，把网上在线概念引入了营利和服务的空间，将对传统的政府采购模式进行技术性改造，并以此推动政府采购向规范、高效的方向进一步发展。因此，在国家政策安排上，应鼓励政府采购对电子商务的应用；在法律上，制定政府采购电子商务应用的标准规范，健全政府采购信用评估制度，完善《中华人民共和国电子签名法》等政府采购网络化运行的制度保障；在组织实施上，引入市场机制，采用特许经营模式，加强政府采购电子商务服务平台建设，逐步实现政府采购的全流程信息化；在技术支撑上，动员社会力量参与电子认证、电子支付、现代物流、信用信息等电子商务支撑体系建设，创造适宜政府采购发展的信息化社会生态环境；在具体操作上，实现政府采购部门、供应商、银行、财政、税务、工商和监管机构之间的信息共享和业务协同，为各级政府部门提供采购信息发布和交易、支付、物流、信用、监管等服务。在国民经济持续增长的条件下，电子商务有利于加强政府采购的集中管理，充分发挥采购的规模集聚效应，使政府采购总量得以快速增长并逐渐接近国际平均水平。

（二）政府采购的绿色产品导向需求

政府采购行为具有引导购买需求和市场供给的"羊群效应"，有利于热销品供应商群体的形成。在政策取向上，一方面要发挥政府采购的品牌效应，带动市场的产品选择取向；另一方面还要通过需求取向，牵引供给的生产选择，使产品的绿色性成为厂商占据市场的基本要素。

1. 绿色产品与绿色政策

所谓绿色产品，是指对环境影响较少的环境标志产品。由于绿色产品的环保性和高科技性，其应用对促进人与环境的和谐，减缓社会发展对生态的消耗具有积极的促进作用，因此，是政府倡导的产品。通过政府绿色采购，可以引导全社会的可持续消费，是实现可持续发展战略的一个有效举措。由于市场逐利性和短期行为的存在，绿色产品的市场供给呈非均衡状态，在推行政府采购的导向性政策时，需要采用自上而下的带动策略。例如，中央机关政府采购和省级机关政府采购首先要在目录制订上体现国家倡导绿色产品的扶持政策，同时要严把需求计划审核关，使绿色采购从源头上得以启动，使之成为贯彻始终的采购行为；地区或县级政府采购也应优先选用目录及目录外的绿色产品，以此为导向，带动全社会选用绿色产品的思维定式和行为习惯，促进绿色产品供给条件的不断成熟，充分发挥政府采购对社会购买行为的牵引作用。事实证明，由政府机构推动绿色采购，扩大政府采购绿色目录和绿色产品供应群体是卓有成效的。

2. 绿色采购的信息技术条件

在推进绿色产品的过程中，仅靠制度约束推动绿色产品是不充分的，在技术层面还要依靠信息技术的支撑作用，通过对信息技术工具的使用，形成耦合政府采购与供应商的信息交互体系，使供应商更加清晰政府对绿色产品的现实需求及未来的发展计划和社会变化趋势，以便供应商长期规划企业发展，加大对绿色产品的生产投入，形成有规模的绿色产品供应商群体。

政府采购应用电子商务的本质是技术支撑条件的改善，即通过信息技术系统的加盟，使商务活动与技术条件之间形成相互配置，从而为推动绿色产品的购买构成联通供需双方且便利交互的电子商务应用场景。电子商务作为这个体系中面向市场交易的信息技术工具，将大大方便采购者对信息的采集和对采购方案的制定，并通过网上采购实现远程非见面的电子商务交互、信息共享和交易签约。电子商务交易的技术效应，使信息交互的边际成本趋于零，从而使采购信息成本呈递减趋势，为政府采购绿色产品的商务市场穿越虚拟空间走向实体经济提供了技术条件，政府采购绿色产品的自主性将更加理性化，采购路径和交互管道也将更加通畅和更加便利。政府扩大绿色采购，引导社会的可持续消费，已经成为国际上应对可持续发展的一个重要战略。

（三）政府采购规模的集约价格需求

运行成本是设计一切社会经济活动的前提条件，显然，政府采购也不例外。从边际成本看，当政府采购需求分散参与市场博弈时，会大大增加采购的商务运行成本。既然政府采购行为受制于成本约束，那么，降低运行成本是政府采购组织运行面向市场的首要选择。

1. 政府采购的规模增长需求

在政府采购过程中，引入电子商务的信息交互功能，可以优选采购方案和减少作业计划的不确定性，以降低商务交易的运行成本，虽然这是一种效益明显的手段，但政府采购效益更多地依赖制度设计、组织行为和管理体制对集聚政府采购需求和形成规模效应的作用上。政府采购的效益提升主要来源于两个渠道。一是政府采购在政策安排和管理制度上的刚性约束，保证需求经费的集中支付，从而保证采购需求的集中办理，通过规模效应在市场博弈中的份额优势，迫使供应商以让出利润空间获得竞争优势。规模效应是政府采购占据市场主控地位和实现经费效益的根本原因。二是对政府采购而言，它对市场的已有优势，往往会因信息不对称而丧失集约交易的规模效益。围绕商品的信息获取成本、跨越时空的交易成本和实现信息对称和交互便利等，是政府采购实现规模效应的技术手段。信息是极少数几种"能力正在增长而成本却在下降"的资源之一，这不仅是操纵信息肯定比搬运存货的花费要少许多，而且，只有当信息能够支持商务交易，包括与其相关的计划安排、管理控制和决策分析时，政府采购规模的竞争优势才能更好地予以体现。政府采购引进电子商务是其规模增长效益驱动的必然选择。

2. 规模效应下的集约价格实现

政府采购规模效应的巨大吸引力，带动了供应商对政府采购市场的热情，实行开放的市场择优选择机制是规模效应对效益的基本需求，充分竞争的集约价格是反映政府采购效益的基本因素。从开放与竞争效果看，在这个过程中仍然需要电子商务的支持。一是在政府采购市场的开放中，除了国防军工等国际通行认可的、涉及国家安全的产品外，应该让有资质的供应商充分进入。政府采购除了采购资质的门槛外，不应再有其他门槛，如果没有良好的信息发布和信息交互环境，就谈不上政府采购的市场开放。二是完全竞争的本质是公平竞争。公平竞争需要完全公开的信息支持，只有参与竞争的供应商对政府采购标的、技术标准和竞争方式等内容都有一致的理解，竞争才能是公平的和充分的。这就需要电子商务系统能够对产品进行最详细的解释并提供相应的技术参数和标准。三是电子商务信息交互环境既有通信网络、计算机等硬件基础，又有系统、基础、应用等软件条件，还有各种数字化外部设施和物流配送体系。

虽然政府采购关于规范程序、提高采购资金效益、维护国家和社会公共利益、保护采购人合法权益、反腐倡廉的要求体现了全方位的公共管理目标，然而，其最核心的内容还是公共资金的采购效益问题。这需要依托政府采购制度规范下的采购市场开放政策、完全竞争机制和电子商务信息交互环境，通过三者的相互作用，特别是电子商务信息的技术支撑作用，使政府采购的需求信息被社会供应商所了解，吸引更多的供应商参与政府采购招投标活动，形成更加充分的竞争，由市场机制和价格杠杆引导供应商，产生具有集约效应的产品采购价格。

二、信息化改造的政府采购组织结构设计

政府采购组织体系是国家对政府采购管理、实施和结算的机构组织制度形式，是保证

政府采购运行顺利和有效力的统制架构，它既具有直接作用于政府采购的运行秩序和成本节约的功能，又具有生产相关的管理制度和优化相关的外部环境的功能。政府采购组织体系主要包括国家行政法规确定的各级领导和管理机构。对应各级组织机构的设置，均有相应的职能分工，并以此明确各级机构的职责和权限划分。政府采购的组织体系设计涉及政府采购的运行效率，是政府采购一切创新行为的基础和条件，其运行结果直接影响到政府采购具体实施的效果。因此，搞好政府采购组织体系的设计，是建设科学合理的政府采购运行管理体系的重要内容，也是国家公共事业经费管理的重要环节。

（一）统分、联动、高效的政府采购组织架构和职责分工

政府采购实行统分结合并表现为综合采购和专业采购两种组织类型的集中采购。从理论上看，无论是综合采购，还是专业采购，其本质都是产品分类后并通过对产品性质、特征和技术要求的把握，实行以产品分类为基础的专业化采购。因此，制定政府采购产品目录，并根据目录确定的产品类别下达任务，是综合采购和专业采购区分任务的依据，也是政府采购有序运行的前提。

1. 统分结合的政府采购组织方式和工作职责

统分结合的采购模式，体现了政府采购把握总体、专业优先的管理思想，是将普遍性和特殊性充分兼顾的行为方式表现。所谓综合采购就是根据年度政府部门事业经费预算，集中采购需求形成采购计划，由政府采购部门统一采购的行为和过程。在各级政府预算体系设立统一采购机构，根据统一采购计划，对办公用品、大宗性办公物资和服务产品实行统一采购、统一结算，按需求计划分配采购物资，由物流机构运送至各使用单位等采购的业务流程。所谓专业采购就是根据采购产品的专业化需要，由工程、机电设备等专业采购机构，根据专业采购需求计划，对本专业产品实行专项采购、专项结算。

实行统分结合，体现综合采购和专业采购的采购体制，既有利于在统一计划管理下发挥集中采购的规模优势，获取市场的让利，充分体现采购效益；又有利于发挥专业采购部门特长，提高政府采购的供给质量；还有利于集中力量抓好重点项目的落实；更有利于政府需求部门摆脱具体采购事务，集中精力做好本职工作的职能分工需要。实行统分结合的采购体制，是各级各类政府部门根据职责、明确责任、分类采购、分级管理、突出专业、全面提高质量和效益的采购运行体制。统分之间既有分工，更有协作。

2. 政府采购机构的均衡布局有利于整体运行效率

从布局看，由于县级机构遍布全国，机构布局相对均衡，但仍然存在东部沿海、中部

内陆与西部地区的密集衰减梯度。为避免采购机构过度集中于主要中心城市和发达地区，造成布局疏密失衡的现象，政府采购机构的网点布局规划应该由省级采购管理机构统一规划，统一审批，在布局建设趋于合理的情况下，发挥政府采购资源的整体优势。因此，统分结合的采购体制，仍然要强调采购机构之间的协调、合作和资源共享的基本原则。

政府采购产品目录可以是县级、市级、省级，甚至汇集成全国的政府采购产品目录，是以一定程序编制而成的报道、检索图书并指导阅读的工具，它将翔实地反映各级各类政府部门对装备、器材、用品、物资等需求的全部情况。在实际运行中，政府采购产品目录的内容又是动态变化的，即新的政府采购产品不断进入目录，而旧的且已经停止采购10年以上的产品则退出现用目录，以此保持目录内容的新鲜度、连续性和有效性。政府采购产品目录的这种动态更新，确保了目录内容始终反映政府的最新要求，不仅为管理提供有效的帮助，而且更为政府采购实施提供了不可或缺的指导性工具。政府采购产品目录管理应由政府财政管理机构负责，并将目录内容按类别装订成分册，按需逐级下发至各政府采购管理机构和实施机构。通过实施严格的管理，保证政府采购的管理和实施之间有所侧重、有所区别和各负其责。

（二）计划、实施、预结算、监管分立的制约性运行结构

政府采购的制约性结构主要表现在计划、实施、预结算等环节，虽然政府采购流程的各环节具有相互制约作用，但任何自约束的效率都是有限的，因此，要在政府采购体制中建立外部监管职能，以确保采购系统的运行更加顺畅、更加有效。监管作为保障机制要体现在每一环节，特别要体现在计划、实施和预结算等主要环节。

1. 政府采购计划科学性的牵引作用

一般而言，政府采购需求具体表现为年度政府采购计划。政府采购需求一般由各政府事业部门根据该政府事业的发展规划和当年实际需要提出申请计划，在报请上级主管部门审核批准后，列入年度政府采购计划安排。政府采购计划一旦确立，其每一项采购产品均应附带相应的采购预算经费。上级主管部门在审查各政府事业部门的采购需求时，既要考虑采购预算经费的限额，又要考虑各事业部门采购需求的合理性，包括整体规划、均衡配置、任务消耗、重点需要，甚至包括采购项目的社会效益等，从源头上控制盲目采购，重复采购和过度储备采购等问题。确定采购需求是整个采购过程中的一个非常关键的环节。特殊情况下，如发生突发事件等特殊情况，政府采购计划往往根据实际消耗制定需求，在扣减库存可提供的设备、物资后，依据消耗确定应急处置的设备、物资、工程、服务的采购需求计划。特殊情况下的采购计划的制定，一般由任务组织部门提出，经上级主管部门

审核批准后即生效，其采购资金由中央财政或省、市级财政按专款拨入或在年度预算计划中安排。政府采购计划反映了政府采购的需求和政府采购的能力。

理论上认为，在政府采购计划中，一般均须明确采购项目的采购方向，即明确是国内采购还是国际采购。在实际运行中，决定采购方向的依据，主要是根据经验、惯例或采购产品的市场供给条件。伴随经济全球化进程的不断推进，当国际采购成为政府采购的一种可行性选择时，时间、质量、价格条件将逐渐加大其对采购方向选择的影响，政府采购将主要依据市场供给和市场价格的双重条件进行方向选择。在综合比较国际市场与国内市场的供给条件后，只要综合因素相当且供给时限不影响需求，政府采购一般应优先选择国内市场采购，以体现扶持本国民族产业的政策取向。

2. 政府采购方式选择对采购成本的影响

政府采购的实施一般是在几种采购方式中选择一种最恰当的方式作为其具体的运行方式。一是公开招标采购。采购方通过媒体发布招标公告，明确招标的标的、数量和有关应公布的信息和要求；供应商根据招标要求将有关投标文件在规定的时限内投送至采购方指定的机构；采购方根据资质标准选择预中标的供应商，并通过媒体公示预中标供应商（不少于三家）；组织招标大会，通过开标、唱标、验标公开竞标标的；由各类专家组成的评标委员会对各竞标标的进行背靠背的商务类、技术类评标，根据综合评分评出中标单位，并将评标结果公示；在公示的有效期内无异议，评标结果生效，采购方与中标供应商依据投标标的签订供货合同。有资质的采购方可自行组织招标，也可委托资质机构代理招标。二是邀请招标采购。采购方根据已掌握的供应商资质，对有关供应商发出邀请招标通知，供应商根据招标要求将有关投标文件在规定的时限内投送至采购方指定的机构，当投标供应商不少于三家时，采购方可组织招标大会，否则，应重新邀请供应商直至满足条件为止，具体招标过程与公开招标相同。三是竞争性谈判采购。采购方根据已掌握的供应商资质，对有关供应商发出参加竞争性谈判采购的通知；供应商根据要求携带有关文件或实物样品在指定的时间到达指定地点，参加采购方的谈判采购活动；采购方组织有关专家组成评委会，并通过审阅文件、观摩实物和与供应商进行第一轮谈判，在第一轮谈判对价格等因素的综合把握的基础上，评委会形成第二轮谈判意见，并通过第二轮或第三轮谈判选出最理想的供应商。竞争性谈判在确定供应商资质基础上，主要围绕价格和供货时间进行谈判。四是询价采购。询价采购就是通过"货比三家"进行采购，通常采购方先确定有资质的供应商，通过与各供应商背靠背的谈判，综合评选出最理想的供应商。询价采购一般在成熟的供应商之间进行。五是单一来源采购。对采购方来说，对供应商无选择余地，因此是一种非竞争的协商性采购，采购效果与采购人员对采购产品的熟知程度和个人素质直接相关。六是协议采购。在供需关系成熟稳定的情况下，采购方和供应商通过协议，明确相互之间的供需关系，并约定相互之间的权利和义务。这是一种依据约定程序实施长期供给的采购办法，也是一种采购成本较小、效率较高的采购方式。

3. 政府采购的预结算类型与适用性分析

政府采购预结算，可按付款特征分为三种类型。一是固定价格合同。当采购方与供应商按一定程序确定价格后，将在合同上明确价格且固定不变。固定价格合同一般用于制造周期短、易定价的产品，其适用条件是价格审理无明显的不确定性，产品技术性能和设计生产质量易于实现。二是定价加鼓励合同。采购方与供应商通过协商，按照成本和利润指标、风险和赢利概率、价格上限等因素确定价格。其适用条件是各价格因素均能量化，供给方通过努力可在保证质量的基础上降低成本。三是成本补偿合同。一般用于专用设备研发，因此它的定价是按照消耗成本加一定补偿率来计算。其适用条件是研发单位财务核算成本项目分类法应与确定合同成本项目一致，采购方审核成本有契约保障。

4. 政府采购监管功能与计划、采购、结算的有效性

健全的监管制约机制是政府采购规范操作和政府采购真正发挥其在公共资金市场购买作用的重要保障。缺乏监管机制，已建立的政府采购法律制度将流于形式。目前，我国政府采购监管机制方面的问题主要表现在：对政府采购合同签订之前的监督考虑较多，而对采购合同订立后的履行过程监督较少；有关监督部门的分工不够明确，如审计监管是全面审计还是抽查审计；有些规定不够具体，不便操作，如对于出现的问题，一旦涉及经办人的处置时，缺乏具体的量罚条款。因此，在我国政府采购立法中，应该规定更加健全和更加细化的监督管理办法。从表面看，政府采购监管将影响采购的计划、实施、结算的运行效率，但由于现实中的谋私交易和合谋行为的存在，监管已成为政府采购的成本支付，要使监管成本最小化，必须从采购的源头即采购计划制订开始实施有效监管，以此提高政府采购系统的有效性和采购产品的最低总成本。

第三章 财务管理初始信息化

第一节 财务管理中基础档案信息化

一、客户端操作环境配置

（一）熟悉客户端界面

掌握用友 U8 客户端（即企业应用平台，下同）的登录、操作员更换，熟悉客户端界面。

1. 登录客户端

双击桌面"企业应用平台"图标（或选择"开始/程序/用友 127.0.0.1 企业应用平台"命令）进入登录界面，在"登录到"中录入安装用友 U8 服务端的计算机名称或该机的 IP 地址 127.0.0.1；输入密码后可以进行修改（需要输入新密码）；账套应在下拉框中选择。

2. 熟悉客户端

客户端上部为菜单栏与工具栏，左部为导航区，右部为简易桌面，下部为状态栏（显示操作员、账套等）。

3. 获得帮助

展开客户端"系统服务/权限"后双击"数据权限控制设置"，在弹出的界面中按下"F1"键，查看何种情况下需进行此项设置。

4. 更换操作员

单击客户端左上角的"重注册"按钮（或选择"系统"菜单的"重注册"命令），此时客户端的状态栏将显示该操作员的姓名、登录的账号与时间等。导航区中的很多明细功能都不会显示或不能使用，这是因为在系统管理时对该操作员仅授予了与出纳工作相关的权限。

（二）配置个性客户端

1. 修改系统日期及格式

若展开导航区"业务工作/财务会计，总账"菜单栏，提示日期分隔符为"-"时，可选择"开始/程序/控制面板/日期和时间/设置时间和日期"命令，修改日历设置中的短日期为相应格式。

2. 配置消息中心

单击导航区下部的"消息中心"按钮，然后在右部消息中心界面单击"选项"按钮，设置显示 10 天以内的消息，自动清除 5 天以前的已看消息。

3. 设置我的工作

选择消息中心右部"我的工作"卡片后单击上部的"锁定"按钮，选择该界面"编辑"中"增加组"命令；再右击下部增加的"新增组"选"属性"命令，将名称修改为"外部联系"。在弹出界面的名称中键入"上网"，单击"浏览"按钮将桌面的 IE 快捷图标加入到该组。

展开导航区"业务工作、财务会计"，并在"UF 报表"上右击选"发送到我的工作"命令（或用鼠标拖动到"我的工作"界面的"日常工作"中）。

二、档案编码信息化

（一）修改账套信息

系统管理员新建的账套可能不符合企业实情或设置不当，部分信息资料可由账套主管在系统管理界面修改，也可由账套主管在用友 U8 客户端进行修改。

1. 单击客户端导航区下部"基础设置"模块按钮，再展开上部的"基本信息"菜单树。双击"会计期间"可以查询本公司启用账套的年月以及相应的会计期间。双击"系统启用"可以查询、修改已启用的用友 U8 子系统。双击"数据精度"可以查询、修改数据精度。

2. 展开导航区"基础设置/基础档案/机构人员"菜单栏，双击"本单位信息"可进行单位名称、地址、法人代表等的修改。

（二）基础档案编码规范化

为了提高工作效率，用友 U8 的客户、供应商、职工与存货由系统自动编号处理。

1. 客户编码规则

展开导航区"基础设置、档案设置"菜单栏，双击"档案编码设置"进入"档案编码设置"界面，展开并选定左部的"客户档案"，单击右部左上角的"修改"（第一个）按钮，将其修改为"自动生成编号允许手工改动"；前缀为"手工输入"，长度为 1，规则为 K；流水号长度为 3 位，起始值为 1，然后单击"保存"（第三个）按钮。

2. 供应商编码规则

将供应商的"档案编码"修改为"自动生成编号允许手工改动"；前缀为"手工输入"，长度为 1，规则为 C；流水号长度为 3 位，起始值为 1。

3. 人员编码规则

将人员的"档案编码"修改为"自动生成编号允许手工改动"；无前缀；流水号长度为 3 位，起始值为 1。

4. 存货编码规则

将存货的"档案编码"修改为"自动生成编号允许手工改动"；前缀为"存货分类编码"，长度为 2；流水号长度为 3 位，起始值为 1。

管理信息系统中必须要有一套科学的数据标识体系，以及一套与之相应的编码方案。如会计科目"库存现金"是数据标识，其编码为"1001"。通常所说的档案资料一经使用将不能修改，是指其编码不能修改，数据标识是可以修改的。

（三）银行档案信息化

展开导航区"基础设置/基础档案/收付结算"，双击"银行档案"，在弹出的界面中选择"中国工商银行"后单击"修改"按钮，修改个人账号定长 7 位，企业账号定长 8 位。

三、机构人员信息化

（一）部门档案信息化

展开导航区"基础设置/基础档案/机构人员"菜单栏，双击"部门档案"进入"部门档案"界面；下部用"＊"号显示编码规则为 2-1 方式（即第 1 级 2 位、第 2 级 1

位），是新建账套时在"编码方案"中设置的。

单击上部的"增加"按钮，在右部编辑部门信息，单击"保存"按钮后将在中部显示这些部门的相关信息。

其中，负责人选项，应在增加了人员档案后，再次进入该界面，单击上部的"修改"按钮，然后单击"负责人"录入框后部的参照（三点）按钮进入已设置的"人员档案"参照界面，选定某职员并单击该界面的"确定"按钮（也可双击该职员姓名）参照选择。

第一，参照选择的前提条件是，相应的档案资料已经建立，目的是提高数据录入的工作效率，保证数据结构的统一规范。

第二，参照选择后需修改时，应先删除原录入框中的信息，否则，单击"参照"按钮进入的参照界面列表中的信息不全面，只有原选择项信息，无法进行修改。

第三，某项档案资料一经参照选择，即表明已使用，使用后将不允许修改其编码（代码）和某些选项或属性，但其档案标识或名称数据标识（一般是用汉字表示的名称）是可以修改的，如使用后的科目名称是可以修改的，所以，参照选择一般是针对编码或代码，并可直接录入代码实现参照选择。

第四，档案资料已经使用，还包括已按其规则运用等情形，如增加部门档案后，部门的 2-1 编码规则已使用。再次进入"编码方案"界面将会发现，部门编码第 1 级、第 2 级已无法修改，因为第 3 级以后的编码规则没有使用，还可以进行修改。除了部门编码外的其他编码，在此时还是可以修改。

（二）人员档案信息化

第一，人员类别与部门分类结合，主要用于工资费用分配生成记账凭证时，计入不同会计科目的依据。

第二，公司行政职务有总经理、部长、段长、职员。

第三，公司在岗职工任职日期与进入日期相同。

1. 增加人员类别

双击导航区"机构人员"菜单树的"人员类别"命令，在弹出的界面中选定表列的"在职人员"，单击上部的"增加"按钮，增加相应的人员类别。

2. 增加行政职务

双击导航区中的"职务档案"进入职务列表界面，其中，系统预置的职务簇有行政职务（编码为 7）、技术职务（编码为 8）两类。单击该界面的"增加"按钮后进入"职务管理"界面，增加行政职务的种类。

其中，"职务簇"应单击后部的参照（放大镜）按钮进入"参照"界面，双击该界面列表中的"行政职务"，也可以在行政职务的录入框中直接键入编码"7"，快速实现参照选择。

3. 增加职员档案

双击导航区中的"人员档案"进入"人员列表"界面，再单击上部的"增加"按钮进入"人员档案"卡片界面，在"基本"卡片中录入相关信息后，还应在"其他"卡片中参照选择"任职情况"，录入行政职务的信息。

其中，银行账号受"银行档案"中对工商银行的"个人账号定长7位"的限制；人员类别、行政职务、性别、银行等选项，应进行参照选择。

4. 人员列表显示设置

在"人员列表"界面单击上部的"栏目"进入"栏目设置"界面，通过在相应项目上双击或双击后参照选择等方式按钮，将其要显示的内容、排序、列宽等进行修改为（如：姓名列宽800，居中对齐；职务列宽800，左对齐等）。

四、客商档案信息化

（一）客商地区分类信息化

展开导航区"基础设置/基础档案/客商信息"菜单栏，双击"地区分类"，增加地区分类信息；其中的地区分类编码为1-3规则，是"编码方案"中设置的。

双击客商信息中的"客户分类"后增加客户分类信息；其中的客户分类编码为2-2规则，是"编码方案"中设置的。

（二）客户档案信息化

双击导航区客商信息中的"客户档案"进入"客户档案"界面，单击该界面的"增加"按钮进入"增加客户档案"卡片界面，在四个卡片中录入各客户的信息资料。该界面的客户编码、客户简称等蓝色标识的信息项是必须填写的。

其中，客户编码是按照"档案编码设置"中的编号规则由系统自动生成的，可以修改；所属分类、所属地区等后部有参照按钮的，应单击参照按钮后选择，也可直接录入编码进行快速参照选择；若启用了"出口管理"子系统，还应勾选"国外"复选框。

若销售开票时对方需要增值税专用发票，则必须填写开户银行、账号、税号，单击上部工具栏的"银行"按钮，录入该客户的银行信息。

（三）供应商档案信息化

双击导航区客商信息中的"供应商档案"进入"供应商档案"界面，单击该界面上部的"增加"按钮进入"增加供应商档案"卡片界面，在四个卡片中增加各供应商档案资料。

供应商档案卡片中的"供应商编码"是按照"档案编码设置"中的编号规则，由系统自动生成。此时，供应商的银行信息仍在卡片中录入。

增加部门、职员、客户和供应商等档案资料，除了用于参照选择外，总账系统的应收账款、预收账款、应付账款、预付账款和其他应收款等科目需要对他们进行明细核算时，只需要勾选相应的"辅助核算"标识即可，不必再将这些单位、个人设置为明细科目，从而实现数据结构规范、提高工作效率等目的。

五、购销存档案信息化

（一）仓存设置

1. 仓库信息

公司的成品库保管库存商品，采用全月加权平均法结转发出商品的成本。材料库保管原材料，采用移动平均法计算发出材料的成本；材料库进行货位管理，有 A 货箱、B 货柜和 C 货架。

2. 存货分类

存货分为材料类（编码 CL）、产品类（编码 CP）。

（1）设置仓库档案

展开导航区"基础设置/基础档案/业务"菜单栏，双击"仓库档案"后单击"增加"按钮进入"增加仓库档案"界面，在此录入或参照选择仓库的档案信息。

（2）设置货位档案

双击导航区"业务"菜单树中的"货位档案"进入"货位档案"界面，由"编码方案"限制。单击上部的"增加"按钮，录入货位编码及名称；选定所属仓库的录入框后，按下键盘上的"*"键，也可以进行参照选择。

（3）设置存货类别

展开导航区"基础设置/基础档案/存货"菜单栏，双击"存货分类"，增加存货的两类档案。

仓库档案中提供了存货计价方法，工业有计划价法、全月平均法、移动平均法、先进先出法、后进先出法、个别计价法；商业有售价法、全月平均法、移动平均法、先进先出法、后进先出法、个别计价法。

启用采购管理、销售管理、库存管理、存货核算、应收款管理与应付款管理系统时，必须设置存货档案。

货位管理系统能够明显标出商品所在的位置，它有很强的灵活性，可设定为分公司，以便规范管理、统计分析，查询分库房、货架等；货位是建立在仓库基础之上的，通常可以按照商品类别或质量管理要求等来归类存放。

（二）存货档案信息化

1. 存货计量单位

展开导航区"基础设置/基础档案/存货"菜单栏，单击"计量单位"进入"计量单位"界面。单击该界面"分组"和"自然单位"两个固定换算率或无换算率。按钮进入"计量单位组"，其中，计量单位组类别界面中增加"重量—公斤"，从下拉列表中参照选择为固定换算率或无换算率。

单击"单位"按钮进入"计量单位"界面，增加相关的计量单位。其中，"重量—公斤"组（固定换算率类别）中有公斤、克、吨三个计量单位，以"公斤"为主计量单位；需录入换算率，换算率的小数由"数据精度"的设置限制。

2. 设置存货档案

双击"存货"菜单树的"存货档案"，并单击"增加"按钮进入"增加存货档案"界面，该界面有"基本、控制"等8个卡片。

存货编码是按照"档案编码设置"的规则由系统自动生成（可修改），参照选择计量单位组后才能选择主计量单位；参照选择固定换算率的计量单位组后还应确定采购、销售等的默认计量单位为主计量单位或辅计量单位，但成本计量单位不能与主计量单位相同。由于存货计价方法按仓库设置，选择存货所在的仓库后，可以不选择其计价方法（在"成本"卡片中）。进行货位管理的存货应在"控制"卡片中选择。生产领料需要限额领料、配比领料管理，库存商品有组装、拆卸业务的，应选择允许 BOM 母件（在"MPS/MRP"卡片中）。

3. 计量单位组有浮动换算率、固定换算率和无换算率三类

在一个账套中，无换算率的只能设置一组，组内可设多个单位，相互间无关联性，全部缺省为主计量单位。浮动换算率可有多个组，组内部只能有两个计量单位，可不填换算率；主计量单位、辅计量单位显示在存货卡片界面上，根据需要指定其换算率，如一箱酒既有 20 瓶，也有 24 瓶时，可采用浮动换算率。固定换算率可有多个组，每组的内部单位至少两个以上，必须填换算率。换算率是指辅计量单位和主计量单位之间的换算比。如 1 小时为 60 分钟，则 60 就是辅计量单位分钟与主计量单位小时之间的换算率。

4. BOM

BOM 是产品结构的简称，指产品的组成成分及其数量，又称为物料清单，即企业生产的产品由哪些材料组成以及这些材料耗用的数量等。如甲产品由 A 材料、B 材料加工，则甲产品即为 BOM 母件，A 材料、B 材料即为 BOM 子件。

（三）物流类型信息化

公司存货发运方式有送货制、提货制。存货收入类型有材料入库、产品入库、组装入库、盘盈入库；存货发出类型有产品领料、经管领料、销售出库、组装出库、盘亏出库。

采购类型是存货收入类型中的"材料入库"，有现购、赊购、预购。

销售类型是存货发出类型中的"销售出库"，有现销、赊销、预销、代销。

1. 设置收发类别

展开导航区"基础设置/基础档案/业务"菜单树，双击"收发类别"进入"收发类别"界面，该界面下部用"＊"表示的编码规则，受创建账套时的"数据精度"限制。增加时注意区分收、发标志。

2. 设置采购类型

双击导航区"业务"菜单树的"采购类型"，进入"采购类型"界面，增加材料入库的类型。其中，默认类型是增加采购业务单据时自动携带的缺省类型，指定默认类型可以减少录入单据的工作量。

第二节　财务管理中初期数据信息化

一、数字化车间

（一）利用 DNC 技术提升车间网络化能力

信息化时代制造环境的变化需要建立一种面向市场需求具有快速响应机制的网络化制造模式。数控机床成为现代加工车间普遍使用的设备，构建网络化数控车间生产现场的信息数据交换平台尤为重要。盖勒普 DNC（Distributed Numeric Control）作为一种实现数控车间信息集成和设备集成的管理系统，实现车间制造设备的集中控制管理以及制造设备之间与上层计算机之间的信息交换，彻底改变以前数控设备的单机通信方式，帮助企业进行设备资源优化配置和重组，大幅提高设备的利用率。

（二）利用 MDC 技术提高车间透明化能力

在数字化车间的方案设计中，SFC 底层数据管理对企业车间信息化平台的支撑是必不可少的。对于已经具备 ERP/MRPⅡ/MES/PDM 等上层管理系统的企业来说，迫切需要实时了解车间底层详细的设备状态信息，而 MDC 是绝佳的选择。MDC 实时监控车间的设备和生产状况，25000 多种标准 ISO 报告直观反映当前或过去某段时间的加工状态。管理人员不用离开办公桌，就能查看到整个部门或指定设备的状态，便于对车间生产及时做出可靠、准确的决策。

（三）利用 PDM 技术提升车间无纸化能力

当制造业与 PDM（制造过程数据文档管理系统）有机结合在一起时，就能通过计算机网络和数据库技术，把车间生产过程中所有与生产相关的信息和过程集成起来统一管理，为工程技术人员提供一个协同工作的环境，将生产数据文档电子化管理，避免或减少基于纸质文档的人工传递及流转，保障工艺文档的准确性和安全性，达到标准化作业。盖勒普 PDM 已经成为数字化车间不可缺少的重要工具，并成为提升企业竞争力的重要手段。

（四）利用 MES 技术提升车间精细化能力

精细化管理时代，细节决定成败。MES 系统越来越受到企业的重视是因为企业越来越趋于精细化管理，越来越重视细节、科学量化。MES 通过条码技术跟踪车间从物料投产到成品入库的整个生产流程，实时记录并监控生产工序和加工任务完成情况，人员工作效率、劳动生产率情况，设备利用情况，产品合格率、废品率情况，等等。通过生产数据的集成和分析，及时发现执行过程中的问题并进行改善。盖勒普 MES 帮助企业实现统一管理、统一运维的信息化制造，并通过进一步完善车间的管理体系，支撑企业精细化管理。

二、价值优势

（一）实现信息有效的流通

消除了企业内部信息流通不畅的问题，促进企业内部人员的有效沟通，提高了员工的合作意识，增强了企业的凝聚力。

（二）实现资源和知识共享

将员工的经验与技术转化成企业内部资源，既提高了员工的学习和创新能力，也避免了因人员的流动而导致的工作延误。

（三）提高工作效率

通过公文流转的自动化，避免了传统公文流转时由于手工递送而带来的工作延误以及人员、时间的浪费，保证了工作能够快捷、准确地被处理。

（四）实现有效管理

有效监管工作人员的工作情况，实现实时工作任务的监督与催办。

（五）职责分明

明确工作岗位与工作职责，增强人员的责任感，减少工作中的推托、扯皮等现象。

（六）降低成本

大大减少办公开支，降低管理成本。节约时间、节约纸张、节约电话费和传真费用等，减少了差错率，提高了整体的工作效率。

三、实施条件

（一）初期数据信息化的内容

对企业信息化内容的认识，许多人认为购买一些硬件设备，连上网，开发一个应用系统并给以一定的维护就是实现了企业信息化，这是片面的理解。企业信息化虽然是要应用现代信息技术并贯穿其始终，但信息化的目的是要使企业充分开发和有效利用信息资源，把握机会，做出正确决策，最终提高企业的竞争力水平。企业信息化的目的决定了企业信息化是为管理服务的，所以，企业信息化绝不仅仅是一个技术问题，而是与企业的发展规划、业务流程、组织结构、管理制度等密不可分的。

因此，根据建设企业的发展要求和信息技术的特点，建设企业信息化内容应为：

1. 建立适应信息技术要求的企业生产经营活动模式

包括企业的业务流程和管理流程，完善企业组织结构、管理制度等。

2. 以管理模式为依据，建立起企业的总体数据库

该总体数据库分为两个基本部分：一个基本部分是用来描述企业日常生产经营活动和管理活动中的实际数据及其关系；另一个基本部分则是用来描述企业高层决策者的决策信息。

3. 根据不同的类型企业情况，建立起相关的各种自动化及管理系统

如计算机辅助设计（CAD）、计算机辅助生产（CAM）这些各种各样的信息技术及管理系统构成企业信息技术的核心内容，实现企业生产经营活动及管理活动中各项信息的收集、存储、加工、传输、分析和利用，为企业高层提供决策依据。

4. 建立 Internet

建立 Internet，提供企业内部信息查询的通用平台，并利用这一网络结构，将企业的各个自动化与管理系统及数据库以网络的方式进行重新整合，从而达到企业内部信息的最佳配置。

5. 联通 Internet

企业可以通过 Internet 获取大量与企业生产经营活动有关的信息，充实自己的信息资源，同时，还可以向外部发布企业生产经营等公开的信息。

（二）开展初期数据信息化需注意的问题

1. 提高认识，增强紧迫感

事实上，在新的形式下，企业不开展信息化就没有出路。

2. 统筹规划，分步实施

企业信息化工作是一个复杂的系统工程，不可能一蹴而就，必须在总体规划下，本着急用先上的原则，分步实施。

3. 处理好引进、消化、吸收、创新的关系

引进先进技术产品是手段，消化、吸收是关键，自主创新才是目的。信息化建设本身就是创新的过程，在技术创新的同时，注重体制创新和管理创新。注重实效，切勿为了信息化而信息化。

4. 制订企业信息化方案必须考虑几个原则

效益原则，包括社会效益、管理和经济效益；实用性和先进性原则；循序渐进持续发展的原则；开放性原则；弹性适应原则；安全可靠性原则。

四、建设步骤

（一）环境分析

环境分析是企业信息化规划的依据，深入分析企业所处的国内外宏观环境、行业环境、企业具有的优势与劣势、面临的发展机遇与威胁等。

（二）企业战略分析

明确企业的发展目标、发展战略和发展需求。明确为了实现企业级的总目标，企业各个关键部门要做的各种工作。同时还要理解企业发展战略在产业结构、核心竞争力、产品结构、组织结构、市场、企业文化等方面的定位。明确上述各个要素与信息技术特点之间的潜在关系，从而确定信息技术应用的驱动因素，使信息化规划与企业战略实现融合。

（三）分析与评估企业现状

分析企业的业务能力现状和企业的 IT 能力及现状。这个方面把握得更好的当属企业自己，如果加上管理咨询公司的辅助效果会更好。

（四）企业关键业务流程分析与优化

发现能够使企业获得竞争力的关键业务驱动力以及关键流程，使其和信息系统相融合。

（五）信息化需求分析

在企业战略分析和现状评估的基础上，制订企业适应未来发展的信息化战略，指出信息化的需求。需求分析包括系统基础网络平台、应用系统、信息安全、数据库等需求。

（六）信息化战略的制订

首先是根据本企业的战略需求，明确企业信息化的远景和使命，定义企业信息化的发展方向和企业信息化在实现企业战略过程中应起的作用。其次是起草企业信息化基本原则。它是指为加强信息化能力而提出的基本的准则和指导性的方针。然后是制订信息化目标。

（七）确定信息化的总体构架和标准

从系统功能、信息架构和系统体系三方面对信息系统应用进行规划，确定信息化体系结构的总体架构，拟定信息技术标准。使企业信息化具有良好的可靠性、兼容性、扩展性、灵活性、协调性和一致性。

（八）信息化项目分解

定义每一个项目的范围、业务前提、收益、优先次序，以及预计的时间、成本和资源；并对项目进行分派和管理，选择每一个项目的实施部门或小组，确定对每一个项目进行监控与管理的原则、过程和手段。

（九）信息化保障分析

针对每个项目，进行保障性分析，即按重要性排列优先顺序，进行准确度评分，并根据结果做出初步取舍，形成路标规划。然后对项目进行财务分析，根据公司财力决定取舍。

企业信息化建设关键是在信息技术快速发展的时代，企业发展与信息技术的关系日益密切，企业创新日益加快，信息化规划无疑将成为企业创新和发展过程中最重要的工作，也是企业发展的助推剂。

经过多年的信息化研究和实践，国内的生产企业和IT企业都开始逐渐认识到IT规划的过程其实就是企业管理层共同成长的过程，帮助企业提高信息化管理水平，也就是帮助企业管理层提高对信息化的认识，促成管理层对信息化达成共识，同时也帮助企业的战略规划能够顺利实现。企业信息化从本质上讲就是管理的信息化，企业信息化的水平也就是企业管理水平的具体体现。

IT规划的首要目标是要解决领导层的认识问题，杜绝"一把手"工程。IT规划的另一个目标就是解决企业信息化的"孤岛"问题，消化独立的信息点和无法集成的独立系统。"孤岛"问题一般都是典型的没有经过规划建立的"一把手"工程，它们对企业的伤害是非常大的。我们冷静地分析一下就会发现这些信息化过程中面临的问题都和IT规划的缺失有着间接或直接的关系。

五、发展对策

（一）对企业信息化进行总体规划

企业信息化是城市信息化的重要组成部分，是电子政务和社会信息化的纽带。做好企业信息化总体规划很重要。要有明确的部门负责，通过集思广益，做好具有战略眼光又有可操作性的符合当地实际的总体规划。

企业信息化总体规划在战略层面上应当与城市发展战略相吻合，应与城市的产业结构相适应。在战术层面应考虑整个城市企业运作的结构特点，考虑如何建立高效、低耗的企业信息交换平台，考虑企业信息化在城市信息化中的纽带作用。在实施层面，要考虑科学合理地构建为企业服务的公用基础信息资源库。

（二）分类分级，以典型带动企业信息化建设的全面发展

在调研中发现，不同行业、不同规模的企业信息化具有很多不同的特点，同时信息化水平发展也不平衡。一个可学习的榜样的力量是无穷的。因此，在推进企业信息化过程中，有必要分类树立企业信息化示范企业，以典型带动全局发展。

（三）建立企业信息化建设培训体系

企业信息化过程就是企业自身管理水平提高的过程。没有一支具有良好素养的劳动大军，企业信息化建设是难以顺利实现的。因此，有必要建立企业信息化建设培训体系。借

助社会力量，政府鼓励支持，构建企业信息化培训体系，使每个劳动者都能学习和掌握信息技术。

（四）建立良好的法制、政策环境，促进企业信息化发展

企业信息化意味着信息资源的整合与充分利用，在这些前所未有的变革中需要配套出台一些法制和政策作为保证。

（五）以资源库建设促进企业信息化建设发展

信息资源建设是企业信息化建设是否成功的关键，也是企业信息化建设可持续发展的保证。在企业信息化建设中必须足够重视资源建设，在资源建设的基础上才能保证企业信息化建设的健康发展。政府应积极鼓励和引导研究企业资源规划方法，以及对信息资源建设中标准化问题的研究。

（六）以企业信息化建设带动软件业发展

企业信息化与信息产业的发展，特别是软件业的发展密切相关。信息社会是继工业化之后，人类社会发展的一个新阶段，也是社会发展的必然趋势。在企业信息化建设过程中，一方面，用信息化带动工业化进程；另一方面，企业信息化的需求也将促进信息产业的发展，同时，在软件业得到发展的情况下，企业信息化建设可以方便地得到可靠坚实的技术支持。处理好这个关系，有利于企业信息化建设的顺利发展。

（七）开展企业信息化咨询和监理服务

企业有信息化的需求，软件业期待良好的软件市场，供需双方需要桥梁。要推进企业信息化建设健康有序发展，有必要管理和规范企业与软件供应商之间的行为，使企业在开展信息化建设之初，可以得到良好的信息化咨询服务。这项工作先期可由政府组织人力免费向企业提供，一旦咨询服务走上轨道，就应交由市场机制进行运作。企业进行信息化建设时要有良好的监理服务，以确保实施信息化系统建设的企业和软件开发企业间的良好合作，确保实施过程的顺利进行，达到企业和软件业共赢的目的。

第三节 财务管理中系统数据初始化

一、账套设置

（一）账套的概念

所谓账套是指在会计软件系统中为每一个独立核算的单位所建立的一套完整的账务体系，其作用相当于手工操作条件下明确会计核算的主体。

（二）账套的建立

建立账套的实质是在会计软件环境里创建一系列的数据库，用以存放各种凭证账簿资料。

1. 系统操作员设置

（1）系统管理员注册

系统管理员也称作账套主管或超级用户，不同的会计软件对系统管理员的定位和授予的权限有所区别。

通用会计软件中一般都预设了默认的系统管理员，并为其设置了密码。

（2）设置操作员

一般通用软件中，操作员的增删以及权限设置的权力通常由系统管理员（账套主管）控制。

新增加的操作员必须被授权后才拥有对系统的操作权力。设置操作员需要录入以下内容：操作员编号；操作员姓名；操作员所在部门；操作员密码。

2. 账套管理

（1）建立账套

建立账套是所有会计处理的前提。通常，账套的建立、备份和恢复等工作由系统管理员（或账套主管）完成。

建立账套需要输入或设置的项目：

①设置账套基本信息

包括：账套编号、账套名称、账套数据存储路径、账套启用会计期间等。账套编号是一个账套在软件系统内部的识别代码。账套名称是指供用户识别的账套名。账套数据路径指账套数据的存放位置。账套启用会计期间表示新建账套开始使用的会计核算日期，账套被正式启用后，账套启用期间就不能再被修改。

②录入单位基本数据

包括单位全称或简称、办公地址、邮政编码、银行账号、法人代表、通信方式等。

③选择会计核算类型

核算类型是指用户单位所属的行业性质。以便系统按照所指定行业的特点为该账套预置一套标准的会计科目。

④设置本位币

⑤基础信息分类选择

基础信息分类选择是指确认对供应商、客户、存货、部门等要素是否分类，如何分类的设置。

⑥确立代码设置规则

这是对科目、客户、部门等关键核算内容确定分类级次以及确定各级编码的长度。需要确定设置规则的代码项目一般包括会计科目编码、存货编码、部门编码、客户（或供应商）编码等。

⑦设置结算方式

主要包括结算方式编码、结算方式名称以及是否进行支票管理等项目。

⑧确定数据核算精度

对金额、存货数量等保留的小数位数进行定义。

（2）修改账套参数

通常只有设置账套的操作员本人才有权修改账套数据。

系统已经确认或已经处理的一些关键信息是无法修改的。例如，账套编号、账套数据路径、启用会计日期、科目编码规则等都不允许修改。

（3）引出引入账套数据

引入账套是指将当前系统环境以外的某一账套数据复制到当前系统中，通常用来完成同一软件环境里的一个账套数据在不同计算机之间的转移。引出账套是指将所选的账套数据从当前软件系统中卸出，以便实现账套数据的转移。

引出（引入）功能与通常的备份（恢复）功能在执行原理和操作方式上非常相似，但属于两个不同的概念。

只有系统管理员（或账套主管）才拥有引入和恢复账套数据的权力。

3. 操作权限分配

操作员权限设置是按照会计内部控制制度中不相容职务分工牵制的原理，对已设置好的操作员所进行的权力分配。

在权限分配时，应特别注意授权、执行、审核、记录等不同性质工作的分工要求，把具有相互牵制作用的操作权限授予不同的操作员。

4. 基础信息确认

在得到用户的确认后，软件系统将按照内部规则建立一系列的数据库，产生账套系列数据。

（三）系统环境参数设置

初始化设置通常包括三个方面的工作：一是系统环境参数设置；二是系统运行要素设置；三是账务系统初始数据录入。

初始化设置可分为两部分：一部分是针对整个会计软件系统的设置，称之为基础信息设置；另一部分是针对某一应用功能模块的设置，如账务参数设置、机构设置、往来单位设置、收付结算设置等，通常可称之为系统环境参数或系统运行要素。

1. 凭证参数设置

通常有以下一些项目：凭证编号控制；出现赤字提示控制；系统受控科目控制；凭证修改权限控制；支票登记控制；科目权限控制；凭证审核控制；出纳签字控制。

2. 外币及汇率设置

外币及汇率设置的内容有：

（1）汇率方式选择

即选择使用固定汇率还是浮动汇率。

（2）折算方式设置

外币汇率的标价方法有直接标价法和间接标价法两种。

直接汇率的折算公式为：本位币＝外币×汇率。

间接汇率的折算公式为：外币＝本位币×汇率。

（3）币别设置

用于定义所使用外币的符号与名称。

（4）汇率小数位数设置

用来定义各种外币汇率的小数位数。

（5）最大折算误差设置

即确定系统折算误差警示功能的误差极限。

（6）记账汇率设置

记账汇率是指操作员在平时填制凭证和记账时所使用的汇率。

（7）调整汇率设置

即月末时以该汇率对外币进行折算，并将折算额与外币账户的期末余额进行比较，从而计算出该期汇兑损益额的汇率。

3. 凭证类型设置

常见凭证分类方式有：

①按凭证所反映的业务类型，将凭证划分为收、付、转三类。可进一步将收、付款凭证区分为现收、银收、现付、银付四种类型。

②按凭证是否涉及到现金或银行存款的内容来划分，将记账凭证划分为现金凭证、银行凭证和转账凭证。也可把由系统根据用户定义自动生成的凭证专门设置成一类，通常称为机制凭证。

4. 账簿参数设置

账簿参数设置有以下几项：

（1）明细账查询权限控制

对操作员的查询和打印权限作进一步细化。

如：只允许某操作员查询或打印某科目明细账，而不能查询或打印其他科目的明细账。

（2）打印位数设置

对摘要、金额、外币、数量、汇率、单价等栏目宽度进行设置。

（3）每页打印行数设置。

5. 其他参数的设置

（1）会计日历

用于设置各个会计期间的开始日期与结束日期。账套启用后，会计期间与启用日期就不能再被修改。

（2）小数位数设置

用于设置系统中所涉及的数量、单价等内容的小数位数。多数软件的默认小数位数都是 2 位，个别软件提供了 2 至 6 位小数供用户选择。

（3）排序方式设置

在显示或打印部门、客户、员工等项目内容的排列规则。

（四）系统运行要素设置

所谓系统运行要素，是指对与用户单位的业务核算和日常业务管理相关的各类项目内容。如单位内的部门分类与目录、职员档案信息、往来单位的分类与目录、会计科目表、货款结算方式、银行账号等。设置系统运行要素的关键是对各项内容的编码的设置。编码设置经常采用群码与顺序码相结合的方式。商品编码的前7位采用群码设计，分别是商品大类、商品中类和商品小类编码，后3位采用顺序码。商品编码的级别为4级，总长度为10位。

1. 部门编码及其设置

部门是指用户单位下辖的需要区别核算方法或具有相应管理要求的单元。部门是一个逻辑概念，其与单位内部实际的职能部门不一定一一对应，甚至可以完全不同。部门档案的内容包括部门编码、部门名称、部门类别、部门负责人等内容。

2. 职员编码及其设置

职员是指参与用户单位的业务活动，且需要对其进行核算和业绩考核的人员。职员档案中包含的基本信息有：职员编码、职员姓名、所属部门、职员属性、职员类别等。

3. 客户（供应商）编码及其设置

客户管理的主要内容包括客户分类、客户属性定义、新增或修改客户信息、编辑客户联系人等功能。表现为设置客户编码、客户名称、所在城市、所属行业、所属区域、联系地址、联系人、联系电话、邮政编码、银行账号、纳税号等详细信息。

客户代码也可采用分级管理的方法。通常代码的前段为地区编码，中段可结合客户属性编码，末段为客户的顺序码。

4. 商品编码及其设置

商品管理需要考虑的内容包括：商品编码规则、商品属性和规格定义、商品和劳务分类以及新增或修改商品信息的方便性等。

设置时包含的项目有商品编码、商品名称、计量单位、规格型号、批号、条形码、存货计价方法、保质期限等信息。

5. 项目及其设置

通用会计软件中的项目，是指独立于会计科目体系之外的，由软件的辅助核算功能对其实施系统的、灵活的核算和管理的特定内容。

项目设置包括项目类别的设置与项目目录的录入。项目类别是指所设置项目的名称，如工程费用、业务费用等；而项目目录是指某一类项目的具体分类，如"工程费用"可分为"人工费""材料费""其他"等。

（五）账务系统初始数据录入

1. 会计科目编码原则

设置科目编码时需要遵循的几项原则：

（1）系统性原则

对总账科目和规范的二级科目编码的设置必须符合会计制度的有关规定。全部科目编码形成一个系列。

（2）单一性原则

要保证每一个代码对应于唯一的一个会计科目。

（3）简洁性原则

在满足管理要求和适合计算机处理的前提下，力求使编码简单明了。

（4）可扩展性原则

在设计编码时一定要充分考虑各方面的要求。明细科目的代码长度通常是以这一级次科目最大可能达到的个数来确定。

2. 会计科目表的建立

（1）增加会计科目

录入会计科目时需要考虑并顺序输入以下内容：一是会计科目代码；会计科目代码是指在软件系统中为会计科目确定的统一编码。科目编码通常只用数字来表示。二是会计科目名称；多数会计软件对会计科目名称有长度限制。三是会计科目类型；会计软件也将科目类型设置成资产类、负债类、所有者权益类、成本类和损益类五大类。科目类型一般只在一级科目设置，下级科目的类型与其上一级科目的类型相同。四是会计科目性质；科目性质指的是正常业务情况下科目余额所在的方向。资产类科目的科目性质为借方，负债和所有者权益类科目的科目性质为贷方。五是助记码；助记码是帮助用户快速地记忆科目的代码。作用：加快录入速度，减少汉字的录入量。六是账户格式；指以此会计科目开设的账户的明细账目输出格式。通常有三栏式、多栏式、数量金额式等。如用友软件提供金额式、外币金额式、数量金额式、外币数量式四种形式。七是科目特定核算要求。外币核算；为"外币核算"科目，并且要指定外币名称。数量核算标记会计科目是否有数量核算，并设置数量的计量单位。

（2）删除会计科目

被删除的科目需要符合以下条件：科目未被其他设置项使用；没有任何一张记账凭证用到该科目；该科目没有建立明细科目。

（3）修改会计科目

科目编码是不能被修改的。第一，科目已被其他设置项使用时不能被修改；第二，凡已建有下级科目的科目不能被直接修改。

（4）查找会计科目

有两层含义：一是在科目表中查询指定特征的会计科目；二是查询某一科目的各项设置参数。

（5）指定会计科目

由用户指定适用某一特殊功能的会计科目，这项操作称为指定科目。如将"现金"科目指定为现金日记账科目，将"银行存款"科目指定为银行存款日记账科目等。

3. 期初余额录入

如果是在年初时建账，则期初余额就是年初余额，可直接录入各账户的年初余额。

如果是年中启用账务处理系统，则应先将各账户的年初余额和年初到启用期前的借贷方累计发生额一并整理出来，多数通用软件都将根据年初余额和累计发生额自动计算出启用期期初余额。

录入期初余额时，一般只需要输入最末级科目的发生额和余额即可，各非最末级科目的发生额和余额可由计算机自动进行计算生成。

二、账务处理系统

（一）账务处理系统概述

账务处理系统是电算化会计系统的一个核心子系统，在个别会计软件（如用友）中也称作总账系统。账务处理主要完成初始数据录入、凭证处理、账簿登记、辅助项目管理和各类账簿输出等任务。

1. 账务处理系统的工作特点

（1）账务处理具有很强的综合性

账务处理系统是整个电算化会计系统数据交换的桥梁和纽带，经过账务系统处理的会计数据一般具有很强的综合性和概括性。

（2）账务处理必须符合公认的会计准则

账务处理系统必须按照财政部规定的会计准则、会计科目、会计报表编制要求等去组织和管理会计信息处理的内容与程序。

2. 账务处理程序

电算化处理方式下的账务处理程序：

账务处理从输入会计凭证开始，经过计算机对会计数据的处理，生成各类凭证、账簿文件，最后产生科目余额文件并完成整个处理过程。

电算化账务处理的操作步骤：

（1）将有关会计凭证输入或转入到账务处理系统，并存入临时凭证数据库。

（2）对记账凭证进行审核，自动记账，形成记账凭证文件和账簿文件，同时按会计科目汇总数据更新科目汇总文件。

（3）按照设置的输出条件，生成各种正式的总分类账、日记账、明细分类账账簿和科目汇总表。

（二）记账凭证处理

凭证处理是日常账务处理中最频繁的工作。

通用电算化会计系统中，记账凭证通常作为各项数据进入系统环境的唯一入口，其正确性控制成为保障系统输出的各类账簿和报表结果正确的关键。记账凭证处理的主要功能包括凭证录入、凭证修改、凭证查询、凭证审核和凭证过账等。记账凭证录入有两种：

一是先由手工方式填制记账凭证，审核后再录入到计算机系统内，即所谓的后台处理方式；二是直接在计算机上根据审核无误的原始凭证编制录入记账凭证，即所谓的前台处理方式。

1. 凭证录入的基本内容

（1）凭证日期

若账套业务时间与系统时间不一致，可将系统时间调整为账套业务时间。

（2）凭证种类

按照初始设定选择凭证类型。可直接录入凭证类型代码，也可使用引导功能录入。

（3）凭证号

不同软件对记账凭证编号的规则各不相同。更多软件将凭证类别与凭证编号作为两个项目，按"收""付""转"等分设，每一类型再按顺序编号，如"收"字第5号、"转"字第200号等。若凭证作废但并未物理删除，那么仍然占用着凭证编号。只有物理删除时其编号才被释放。

（4）摘要

手工处理中，一张凭证要编制一个完整的摘要。

电算化系统中，摘要是以行为单位编制的，凭证的每一行都要有一个相对独立的摘要。系统在执行自动记账时要将凭证中的摘要内容复制到相应账簿作为账簿中的摘要内容，如果凭证中的某一行摘要内容为空，则相应账簿中这一记录的摘要内容也为空，由此将影响账簿的可读性。可通过定义摘要库的方法录入摘要内容。

（5）会计科目

允许输入科目编码、助记码或科目名称，也可引导输入。

必须输入最末级科目。软件将完成一些自动检查。例如，检查所输入科目是否已经过设置，检查科目是否为最末级科目。如遇到明细科目不存在的情况，可运用软件提供的增加明细科目的功能增补。

（6）金额

有直接输入和计算产生两种情况。对于有数量外币核算要求的科目，根据输入的数量、单价或外币、汇率等自动计算产生金额。

（7）合计

系统自动产生。

（8）附件张数

凭证输入是会计软件应用中使用最频繁的一项功能，每一张凭证均须在输入上述各项内容后才准予保存。凭证存盘时，账务处理系统将对存入的凭证作相应的检查，这些检查包括借贷平衡校验、科目与凭证类型匹配检验、非法对应科目检查等。

2. 辅助核算数据的输入

（1）往来核算，输入往来单位（客户或供应商）、经手人、票号等信息。

（2）部门核算，输入部门代码或部门名称。

（3）职员核算，输入职员代码或姓名。

（4）通用项目核算，输入项目代码或项目名称。

（5）数量核算，需要通过输入数量和单价，由系统根据数量乘以单价的结果自动计算出金额。

（6）外币核算，需要输入外币原币金额和折算汇率，软件将外币折算为本位币。

（7）"银行科目"或"银行类"属性，输入结算方式和结算票据号，有的还要求输入业务发生日期。

3. 记账凭证查询与修改

记账凭证查询时，软件中有简单查询和综合查询两种基本形式。简单查询是输入凭证月份和凭证号等少量要素来查询相应凭证；综合查询是由系统提供给用户的可对多个输入条件进行任意组合的查询方式。

凭证简单查询时，一般允许输入如下几个查询条件：

（1）日期，填入内容包括开始年月日和截止年月日。

（2）凭证字号，指需要查询的凭证的类型与范围。

（3）科目代码，一般允许用户输入一个会计科目或某一科目范围。

（4）金额，可以输入一个金额或一个金额范围。

4. 记账凭证审核与过账

（1）凭证审核

凭证审核是指审核人员依照会计制度和会计软件的要求，对记账凭证所进行的检查和核对。审核的主要内容是，记账凭证是否与原始凭证相符，经济业务是否正确，记账凭证相关项目是否填写齐全，会计分录是否正确等。审核中如发现有错误或有异议时，应交予凭证填制人员进行修改或作其他处理。根据会计内部控制的要求，凭证制单员和审核员不能为同一人，即任何用户都不能审核自己编制的凭证。对于涉及到现金、银行存款的收入与支出的凭证，还可通过系统参数设置后强制由出纳签字。

（2）凭证过账

凭证过账又称作记账，是指以会计凭证为依据，将经济业务全面、系统、连续地记录到具有账户基本结构的账簿中去的一种会计核算方法。记账工作由系统根据用户录入并经审核确认的记账凭证自动完成。从记账原理上看，记账实际上是会计数据在不同数据库文件之间的传递与汇总。在数据传递过程中，还伴随有对数据的各种运算。只有经过记账处理后的凭证才是真正合法有效的凭证。记账实际上成了形成系统正式有效数据的一个关口。

5. 账务输出

日常账务输出包括屏幕显示输出、打印输出、磁盘复制输出和利用网络线路传输输出等几种形式。磁盘输出多用于数据备份或数据上报（尤其是会计报表）的输出，利用网络线路传输输出一般多用于单位分支机构向上级报账或报表，屏幕显示和打印则是会计数据输出中最常用的输出形式。显示或打印的内容基本上分为两类：一类是基本会计核算数据，包括各类凭证和账簿；另一类是各种辅助核算数据。

（1）凭证输出

记账凭证的输出可采用查询和打印两种方式。如果用户采用先由手工编制记账凭证，然后采用输入计算机的方法来处理凭证，则没有必要再打印凭证，如果用户是根据原始凭证直接在计算机上输入记账凭证的，则应将全部凭证打印出来。凭证打印时可只打印一张凭证，也可通过输入凭证号区间方式连续打印一组凭证。凭证打印操作时一般有以下选择项目：凭证类别；凭证范围；时间范围；凭证格式；凭证状态（"已记账凭证"或"未记账凭证"，也可选择"全部凭证"）。

（2）总账输出

总账的账簿格式通常有两种：一种是传统的借、贷、余三栏式总账，另一种是用以代替总账的包含全部发生额与余额数据的发生额及余额对照表。

三栏式总账不但可以查询各个总账科目的年初余额、各月发生额合计数和月末余额，而且还可查询各级明细科目的年初余额、各月发生额合计数和月末余额。而科目发生额及余额对照表用于查询统计各级会计科目的本期发生额、累计发生额和期初期末余额资料。

（3）明细账与日记账输出

账务系统中不仅可输出任一科目的三栏式明细账，而且可根据对科目属性的定义，按特殊要求输出多种格式的明细账。通常，可输出的明细账包含三栏式、数量金额式、复币式、数量复币式等格式种类。

理论上说，系统能够提供的明细账并不仅仅局限于明细科目，任何级别的会计科目都可以输出明细账。电算化处理方式下，可为用户提供每一个科目的日记账。一些软件需要用户对提供日记账的科目先行设置，即要求在系统初始化时在会计科目设置模块中定义科目的日记账属性。

（4）多栏账输出

多栏账是指在账户的借方或贷方分设若干专栏进行明细分类核算的账簿格式。在软件系统中，多栏账是在账簿输出环节由用户根据需要进行设置和定义的。

凡是设有下级明细科目的科目（即非最末级科目），均可将其下级明细科目设置为栏目，以多栏式账簿形式输出。一般软件均提供方便的多栏账设置功能。在初始设置窗口，用户可将某一科目的所有下级科目确定为多栏账的栏目，并结合多栏账科目的性质，定义这些栏目所在的方向。

（5）账证联查

所谓账证联查是指在查询账簿的时候通过联动操作直接查询与当前显示内容相关的记账凭证或其他账簿，或者在输出记账凭证时通过联动操作直接查询与当前凭证相关的总账或明细账的一种便捷操作形式。这是电算化系统提供给用户的一种方便快捷的关联查询功能，利用账证联查功能将大大提高账簿凭证查询的效率。

6．期末结转与结账

（1）期末对账

在会计期末，除了对收入、费用类账户余额进行结转，计算出本期的利润或亏损外，还要进行总账与明细账、总账与各类辅助账的对账工作，并对最终结果进行试算平衡。对账是对账簿数据进行核对，以检验记账是否正确以及账目是否平衡的方法。

在实际应用中，主要通过核对总账与明细账、总账与辅助账来完成账账核对的工作。由于非法操作或计算机病毒等有可能会造成账簿数据库中数据信息的紊乱，为此不能完全排除账账不符现象的出现。

（2）期末结账

账务处理系统提供了较为规范的结账功能。在运行这一功能时，系统主要完成如下几项工作：检查并停止本期各科目的各项数据处理工作；计算各科目的本期发生额和累计发生额；计算本期各科目期末余额并将余额结转至下期期初。

期末结账应注意的问题：结账前应将本期所有记账凭证登记入账，否则系统将拒绝执行结账动作；某一会计期间结账后，表示该期业务全部处理完毕，将不能再输入这一会计期间的记账凭证或其他数据资料，也不能再进行记账；结账必须按月连续进行，且每月只能结账一次；年终结账时，必须先进行数据备份或打印输出，以备操作出错时恢复至结账前状态；年终结账后，计算机会自动将年末余额结转到下年作为下年年初余额。

7．数据维护

（1）数据备份

数据备份是指将计算机硬盘上的数据复制到各类磁盘、可写光盘或其他存储介质上，以便需要时利用这些数据恢复系统的原来工作状态。电算化会计系统的每一个子系统都设有备份功能。数据备份能使系统的初始设置数据、日常业务处理数据、有关自动上机登记记录等重要数据获得安全保障。

数据备份具有以下基本作用：保留有关会计档案；保护系统数据安全；保留重要操作内容。

备份时需要注意的问题：日常数据备份应该在每天关机前进行，一般宜采用 A、B 备份法制作双备份，并将两份备份资料保存在不同的地点；对于作为会计档案保存的备份资料，要在备份盘标签上写明备份的时间和责任人，以免恢复机内数据时发生错误；对于单机系统，凡是具有数据输入或系统设置权限的人员都应该有数据备份权；对于网络或多终端系统来讲，数据备份应由专人负责。

（2）数据恢复

数据恢复是指将磁盘或其他存储介质上保存的备份数据复制到计算机的硬盘上，使软件恢复到上次备份时的运行状态。通常在以下情况下需要进行相应的恢复操作：硬盘上的数据被非法破坏时；当需要查询已从机内系统中删除的往年数据时。

恢复功能的运用应非常谨慎，因为万一操作不当，很容易使硬盘中的最新数据被之前的备份数据所覆盖。许多软件将数据恢复操作权限只赋予系统管理员或超级用户，并将数据恢复操作看作是容易导致违规现象的少数关键操作项目之一。

会计软件必须设置专门的数据备份和数据恢复的功能。

三、辅助核算与管理

（一）辅助核算及其特点

1. 辅助核算的概念与类型

所谓辅助核算，是指在账务处理过程中为提供比一般账务资料更为详尽的核算信息，或为提高会计信息的质量而采取的一些附加的核算手段。账务处理中较有代表性的辅助核算主要运用在以下几个方面：往来账目管理；银行对账管理；辅助项目管理。

2. 辅助核算的特点

与传统的手工操作方式相比，辅助核算方式具有以下一些优势：

（1）辅助核算在核算项目的设置和运用上比会计科目更具有灵活性，辅助项目相对独立于标准的会计账簿体系，其操作与维护不受会计核算规范的约束，软件可根据其与标准账簿体系的关系灵活地定义项目操作的规程。

（2）项目共享特性打破了会计科目的树形结构体系，构筑起了账户间交叉引用的网状数据结构形式。

（3）辅助核算较好地解决了需有较多手工参与的核算内容的电算化问题。

（二）自动转账

1. 自动转账原理

为在适当时刻生成记账凭证而将某一转账业务所涉及的摘要、借贷方科目、金额计算方法等预先存入软件环境，即建立一项业务的转账模型的过程，称为自动转账凭证的定义。根据自定义转账凭证生成实际的记账凭证的过程称为自动转账。由自动转账产生的凭证称为机制转账凭证，简称机制凭证。建立自动转账凭证的业务具有以下三方面的特点：

（1）可以快速完成期末转账凭证的生成

由于转账凭证由系统自动生成，可以只凭简单的操作指令便可生成较为复杂的记账凭证。

（2）可保证所生成凭证的正确性

凭证的金额来自于系统中存储的数据，其正确性能得到系统的保障。

（3）保障业务的完整性

自动转账处理能通过内部程序控制，使用户不至于遗漏必要业务项目的处理。

2. 自动转账凭证的设置

自动转账凭证多种形式的运用：

（1）销售成本结转设置

是指根据定义在月末按一定的方法计算出库存商品的平均单价基础上，计算出各类商品的销售成本，并对成本结转业务进行账务处理。

（2）汇兑损益结转设置

用于定义自动计算外币账户的汇兑损益，并在期末自动生成汇兑损益转账凭证。

（3）对应结转设置

又称平行结转，是指对于两个科目之间的下级科目对应的结转关系的定义。

（4）期间损益结转设置

是指在一个会计期间终了时对损益类科目余额结转凭证的设置。通常，将所有损益类科目的余额都转入“本年利润”科目。

3. 自动转账凭证的生成

转账凭证经定义之后，每月月末只需运行凭证生成功能即可快速完成凭证的编制，所生成的转账凭证将被自动追加到未记账凭证库中。凭证生成后，系统会对凭证的类别、张数等做出报告，并提示用户确认与保存。用户可在未记账凭证库中查询所生成的凭证。

（三）银行对账

1. 银行对账原理

用户定期将银行存款日记账的记录同银行提供的银行存款对账单进行逐笔核对，会计上称为银行对账。银行对账功能提供了录入银行对账的期初未达账项，录入银行对账单，进行自动核对或手工核对，并在此基础上生成银行存款余额调节表等系列化功能。

银行对账可采取计算机自动对账的方式，也可采用人工核对方式，或者采取计算机自动对账与人工核对相结合的方法。对账时通常以票据号（如支票号）、金额等作为核对标志，逐条进行查对。

2. 银行对账数据录入

银行对账数据录入包括银行对账期初数据录入和银行对账单录入。银行对账也有一个启用日期，用户须在此日期录入最近一次对账中单位一方与银行一方的银行存款调节前余额，并逐笔录入启用日期之前的单位日记账和银行对账单的未达账项。

银行定期向单位传递对账单，用户须按期录入银行对账单。逐笔输入银行对账单的工作通常由单位出纳人员完成。

录入的银行对账单主要包括业务日期、结算凭证类型、凭证号、业务金额等内容，其中结算凭证号与业务金额是系统自动对账所必需的，录入时必须仔细，防止因录入错误而使系统出现对账异常状况。

3. 对账及对账报告对账方式

（1）自动对账方式

自动对账是计算机系统根据对账依据将银行存款日记账与银行对账单自动进行核对，在核对相符情况下予以勾销的一种对账方式。自动对账的对账依据通常有两种：一种是"票据号+方向+金额"；另一种是"方向+金额"。对账时，对于核对相符的银行业务，系统将自动在银行存款日记账和银行对账单双方打上勾对标记，并视为已达账项，同时对于在勾对栏未标上勾对符号的记录，系统将其视为未达账项。

（2）手工对账

手工对账是由用户对银行存款日记账的记录与银行对账单的记录进行核对，并勾对已达账项的对账方法。

（3）余额调节表输出

账项勾对结束后，为检查账簿记录是否正确，通用软件一般都具有自动编制余额调节表的功能。系统将按照用户的需要，根据自动勾对与手工勾对的情况，用户只需点击相应的输出命令便可查询规范的余额调节数据。多数系统中，软件所提供的银行存款余额调节表的格式与传统手工方式编制的余额调节表的格式完全相同。

（四）往来核算与管理

1. 往来核算科目设置

账务处理系统提供以下两种往来业务核算与管理的方法。

（1）视同明细核算方式

当往来单位较少且相对稳定，应收账款或应付账款发生的频率较低，可采用与手工记账方式相类似的处理方法，即按往来单位设置明细科目（按往来单位建立明细账），使往来核算体现在基本业务核算中。

（2）往来辅助核算方式

当单位往来业务频繁，清理欠款工作量较大时，可启用账务处理系统提供的单位往来辅助核算功能来管理往来款项。采用单位往来辅助核算后，往来单位不再以会计科目的形式出现，而是以往来单位目录的形式存在。

2. 往来业务数据录入

往来数据包括往来期初数据和日常往来业务数据。在录入账务系统期初数据时，需要同时录入往来业务的期初数，并将其按照系统规定的格式录入到初始化往来数据库中。若某科目被指定了客户（或供应商）往来核算，则系统自动为该科目开设往来辅助核算账页。在录入账套期初余额时，系统同时要求输入往来辅助账的期初数据。对往来业务的日常辅助处理主要体现在填制记账凭证的环节上。当与往来单位发生往来业务而填制记账凭证时，系统即弹出辅助信息录入窗口，要求用户输入往来客户的名称、业务员姓名（经手人）、业务（或票据）号等各项往来辅助账信息。

3. 往来销账

销账是指勾销已清账的往来业务的操作。销账工作可以由系统自动完成，也可以由操作员逐项处理，或者采取自动与手工相结合的方式。一般会计软件均提供自动销账和手工销账两种基本销账方式。自动销账是软件系统根据日常往来业务记录，对每一往来单位的往来账进行自动核对，并注销对应业务的一种销账方式。

销账依据通常有两种：一种是"往来单位+方向+金额"；另一种是"往来单位+方向+金额+往来业务号"。执行销账时，对于核对相符的往来业务，系统将自动在往来账目中打上销账标志，并视为已清账项。

（五）部门核算与管理

1. 部门辅助核算设置

部门辅助核算方式特别适用于部门和部门核算科目较多的单位或内部管理要求较高的单位。由于财务部门希望能及时掌握各部门各项收支的发生情况，各部门也希望随时了解本部门的各项收支发生数额，这对收支项目的部门辅助核算提出了客观的要求。在采用部门辅助核算后，就可以将各部门作为辅助核算项目来设置，而不再将部门设置为各费用科目下的明细科目，采用部门辅助核算方式不仅减少了会计科目和项目的数量，而且有利于对部门业务的考核与控制。

2. 部门核算数据的录入

当把某一会计科目指定为部门核算科目，系统即为这一科目开设了部门核算辅助账。在录入科目期初数据或输入记账凭证时，系统将自动弹出相应的辅助信息输入窗口，要求用户输入该项业务的发生部门、金额等辅助信息。在凭证过账时，软件自动将部门辅助数据登记到相应的辅助账簿。

（六）通用项目核算与管理

所谓通用项目核算是指针对某些核算对象的特殊要求设置专门的核算项目，以提供核算项目的详细业务资料为目标所进行的一项辅助核算。通用项目核算又被多数软件简称为项目核算，其特点在于，围绕一个专门的核算对象或核算内容，将所有发生在该对象上的各种收支进行归集，并以专项辅助账的形式予以输出。

与明细核算相类似，辅助核算主要为某些账户提供详细的核算资料，但在数据流程和操作规范方面又不同于一般的明细核算。由于辅助核算跟手工操作方式下传统意义上的辅助账又完全不同。所以，辅助核算成为电算化方式下被广泛采用的由账簿主体派生形成的对基本账务数据的一种多方位核算形式。

# 第四章 财务管理信息的系统分析

第一节　财务管理的实施步骤和管理系统

一、财务管理信息系统概述

（一）管理信息系统

管理信息系统是一个利用计算机硬件和软件手工作业，分析、计划、控制和决策模型及数据库的用户——机器系统。它能提供信息、支持企业或组织的运行、管理和决策功能。随着信息技术的不断发展，管理信息系统的定义也产生了一定的变化，人们对管理信息系统的理解也更加深入。管理信息系统是由人、信息处理设备以及运行规程组成的，以信息基础设施为基本运行环境，通过采集、传输、存储、加工处理各种信息为企业提供最优战略决策，支持企业集成化运作的人机系统。在这个定义中，指出了构成管理信息系统的三个要素，其中，"人"作为第一个也是最重要的一个要素。人不仅是管理信息系统的使用者，同时也是系统的规划者、控制者和运行管理者，系统面向的层级越高，人的参与程度就越深。信息基础设施为管理信息系统创建了一个运行的物理环境，并始终服从管理信息系统的目标。运行规则包含了应用规则、控制措施和知识智能，是管理信息系统运行规则的体现，确保了数据提供、指令控制、动作执行等程序能够科学、合理地运行。

（二）财务管理信息系统

1. 财务管理信息系统的定义

管理信息系统可分为 TPS（transaction processing systems，事务处理系统）、MIS（management infomation system，管理信息系统）、DSS（decision support system，决策支持系统）

和 AI/ES（人工智能/专家系统）四个层次。

TPS 系统用于记录和保存企业活动的基本信息；MIS 系统用于整理并简单分析各项信息；DSS 系统用于向企业高层提供支持决策的相关信息；AI/ES 系统用于对信息做出反馈、管理和控制。完整的财务管理信息化实际上是 DSS 系统与 AI/ES 系统的有机结合，根据 MIS 系统提供的数据得出支持决策的信息，通过系统控制实现财务管理与控制。

目前，学界对财务管理信息系统的定义仍然没有形成一致的认识。以系统论的观点来看，财务管理信息系统的定义应包含财务管理信息系统的目标、构成要素以及财务管理信息系统的功能等几部分内容。

（1）财务管理信息系统的目标要以企业财务管理的目标为最终标准，换言之，财务管理信息系统的最终目标即实现企业价值最大化，这个目标通过决策支持得以体现。相比于传统信息系统，财务管理信息系统工作的中心是支持决策活动和控制过程。

（2）信息技术、数据、模型、方法、决策者和决策环境等是构成财务管理信息系统的主要部分。

（3）财务管理信息系统的功能主要体现在财务决策和财务控制两个方面。财务决策和财务控制是现代财务管理基本职能，其他工作职能都可以视为财务决策和财务控制派生出的职能。

综上所述，财务管理信息系统可定义为：在信息技术与管理控制的环境下，由决策者主导和获取支持决策的数据并构建决策模型用于财务决策，并将决策转化为财务控制，以实现企业价值最大化为目标对业务活动进行控制的管理信息系统。

在很长的一段时间人们对财务管理信息系统都没有形成一个明确的认识，曾提出过"理财电算化"的概念，其实质就是通过工具软件构建财务管理分析模型。"理财电算化"的提出很容易让人对财务管理信息化产生错误的认识，认为财务管理信息化就是单纯地在财务管理工作运用计算机技术。财务管理系统的提出帮助人们纠正了对财务管理信息化的错误认识，以系统论思想为指导建立财务管理信息系统，而且随着现代信息技术的飞速发展，构建财务管理信息系统的各项条件均已实现。

2. 财务管理信息系统的特点

财务管理信息系统的特点从其定义中就可看出，主要概括为动态性、决策者主导、与其他管理信息系统联系紧密、高度的开放性与灵活性四大特点。

（1）财务管理信息系统的动态性特征

财务管理环境决定了财务管理活动，而企业的财务管理环境是在不断变化的。企业财务决策与控制策略取决于企业战略，所以财务管理信息系统没有统一的标准，不同企业间也很难互相参照，这也就决定了企业管理系统的动态性特征，会随着企业战略与财务管理环境的变化而变化。

（2）财务管理信息系统由决策者主导

低端的信息系统能够实现高度的自动化处理，但财务管理信息系统不同，它面向的是企业的高层，为企业高层的决策活动服务，所以财务管理信息系统会涉及大量的分析和比较，需要进行智能化的处理过程，这就决定了财务管理信息系统由企业决策者主导。

（3）财务管理系统与其他管理信息系统的联系密切

财务管理信息系统包含在整个企业信息化系统之中，是组成企业信息化系统的重要部分。支持决策的数据来自不同的信息系统，财务管理信息系统需要实现与其他信息系统的数据共享或系统的集成。财务控制的执行依赖于各业务系统的子系统，需要具备确保财务计划、财务指标等各项控制措施"嵌入"信息系统的能力，充分发挥财务管理信息系统的控制能力。

（4）财务管理信息系统具有高度的开放性和灵活性

财务管理信息系统高度的开放性和灵活性是为了适应复杂多变的决策环境和不同财务管理模式的结果。首先，财务管理信息系统应允许管理者制订个性化决策过程和控制流程，能够根据不同需求重组和构建企业财务管理的流程；其次，财务管理信息系统应具备支持不同数据库管理系统和异构网络的功能；最后，财务管理信息系统应具有一定的可扩展性和良好的可维护性，能实现动态的财务管理。

3. 财务管理信息系统的基本运行模式

财务管理信息系统运行分为财务决策环境的分析、制订、实施以及控制评价四个阶段过程。这四个阶段都要在一定的企业环境和信息技术环境下实现，彼此联系，共同构成财务管理信息系统的基本运行模式。

财务决策环境分析阶段，需要对财务决策进行风险评估，明确决策目标以及决策的各项约束条件和达成目标的关键步骤。这是财务管理信息系统运行的第一个阶段，也是财务决策的准备阶段。通过信息技术平台能够获取相应的信息，并引入财务决策过程中。

财务决策制订阶段是构建财务决策模型的阶段，通过决策模型获取支持决策的所有数据。并通过大量的比较与分析从众多方案中选出最优方案，并生成相应的计划、指标和控制标准。

财务决策执行阶段需要根据决策方案进行预算并进行资源配置，控制财务决策的执行过程，包括执行进度、预算执行、资源消耗情况等。

财务管理控制评价阶段将评价结果与预期控制指标进行比较，看是否存在偏差。若存在偏差则需分析产生原因，并进行修正。若判断为决策失误，则需重新制订决策；若决策执行过程中存在偏差，则需重新评估决策环境。

财务决策的执行阶段和控制评价阶段在实际的财务管理信息系统中通常会集成于具体业务处理系统中。财务管理信息系统是具备和业务处理系统的数据接口共享的集成化控制平台，从而保证了财务管理信息系统职能的发挥。

4. 财务管理信息系统的功能结构

决策与控制是信息化环境下财务管理的两大基本职能，财务管理信息系统也是围绕这两个职能展开功能结构的。

财务决策子系统主要包括企业筹资决策信息化、投资决策信息化、股利分配信息化三部分内容。具体地，财务决策子系统包括用户决策需求分析、决策环境分析、决策模型构建、决策参数获取、决策结果生成等模块，并包含模型库、方法库和数据库等基本数据库管理系统。

预测是综合历史数据和现在获得的信息、数据进行科学分析，推测事物发展可能性与必然性的过程。信息技术为预测创造了更好的条件，数据库能够提供海量数据，计算工具能够计算出更为科学、准确的预测方法。财务预测信息化包括利润预测、市场预测、销售预测、资金需求量预测、企业价值预测、财务风险预测等。

以往的财务评价通常为单纯的财务指标评价，而在信息化环境下，财务评价是对企业财务状况进行多层面、多维度的综合性评价。相较于传统财务财务评价多发生在事后，通过财务管理信息化可以实现事中评价，能够有效地预警可能出现的财务风险。

预算控制子系统根据企业决策及决策方案中提出的计划和指标等进行预算，并且对预算进行执行、管理与监控。

在财务管理信息化中，现金管理是非常重要的内容。随着线上交易的逐渐成熟，现金管理不再局限于纸质货币的管理与对账，电子货币及其转化形式的结算、核对与网上管理都是现金管理的重要内容。此外，现金管理还有一个重要的工作内容就是合理控制现金支出，并判断企业现金流的变动，根据现金需求及时做出合理安排。对规模较大的企业而言，还可以通过核算中心实现企业内部现金的统一配置与管理。

成本控制子系统与成本核算子系统共同完成成本计算、成本分析等工作，并通过各种手段合理降低生产成本。

二、财务管理的实施和管理系统

企业的一切活动都是由业务活动发生引起的，包括物的活动、信息活动和管理活动。

这里所说的"物"不仅包括各种物资资源，也包括各种人力资源、现金、证券等资金。

企业业务活动的发生引发了包括原材料、辅助材料、机器设备等物资活动，以及业务人员、生产人员、管理人员、工程技术人员等人力及货币、证券等资金的活动。信息活动是对企业业务过程、物流及管理活动的信息进行反映和管理的活动。与物资流转过程相对应的是资金运动过程，在这个过程中，企业资金不断地从一种形态转化为另一种形态。

（一）企业财务管理过程

企业再生产过程也是资金运动的过程，这个过程由一项项财务活动组成，企业在组织财务活动过程中，与各方面发生财务关系。财务管理就是组织财务活动、处理财务关系的一项经济管理活动。

随着再生产过程的延续，企业资金从货币资金开始，依次经过获取、转换和销售三个阶段，分别表现为储备资金、固定资金、生产资金、成品资金等各种不同形态，然后又回到货币资金形态，如此不断地循环往复，形成资金的循环与周转。

1. 筹集资金

筹集资金是再生产活动的前提，也是资金运动的起点。它是在国家宏观调控政策的指导下，从企业自身的生产经营状况及资金运用情况出发，根据企业未来经营策略和发展的需要，经过科学预测和决策，通过一定渠道，采用一定方式，取得生产经营所需资金的一项理财活动。

2. 投放与使用资金

投放与使用资金是企业将筹集的资金采用不同方式投入再生产中的过程。一部分用于建设厂房、购买设备，形成劳动手段，即固定资金；一部分用于采购材料物资等劳动对象，形成储备资金，以保证生产经营活动的进行。

3. 耗费资金

在生产经营过程中，生产者使用劳动手段对劳动对象进行加工，生产出产品，形成了成品资金。在这一过程中需要消耗各种材料、物资等，发生固定资产损耗，支付工资以及其他各种费用。资金耗费的过程也是价值创造和价值形成的过程。

4. 收入与分配资金

资金的收回主要包括通过产品销售取得销售收入，使成品资金又转化为货币资金，以及将资金直接投放到证券市场获得投资收益两个过程。

收入与分配资金将企业取得的收入和收益分为三部分：一部分用于重新购置劳动手

段、劳动对象、支付工资和其他费用、参加生产周转，使企业生产经营活动持续进行；一部分用于依法缴纳各种税款、弥补前年度的亏损；还有一部分形成企业的税后利润进行分配。

（二）财务管理过程与业务过程之间的关系

财务管理过程与业务过程存在着紧密的联系。把这种联系抽取出来就可以更深刻地理解财务过程与业务过程的关系。这一关系也正好反映了财务管理活动是从资金运转角度对企业经济活动过程中资金的运转进行管理的本质。

（三）财务管理信息系统与财务管理过程的关系

财务管理信息系统是完成财务目标，进行财务信息业务处理的直接工具。它要从财务管理过程获得财务业务数据，然后应用自己特定的财务方法和规则，对这些数据进行加工处理，并以报告形式向财务信息使用者反映企业资金筹集、投放、运用和收入分配的财务信息。

第二节　信息时代的财务管理平台

一、财务管理信息化中的主要信息技术

财务管理信息化除了构建信息平台的基本技术外，还需要应用其他信息技术以更好地完成财务管理目标。

（一）因特网、企业内部网和企业外部网技术

1. 因特网技术

因特网是一种全球计算机网络系统，按照一定的通信协议，通过各种通信线路将分布于不同地理位置上、具有不同功能的计算机或计算机网络在物理上连接起来。因特网技术是以通信协议为基础组建的全球最大的国际性计算机网络。通过因特网可以收发电子邮件，远程登录访问系统资源，进行文件传输，通过万维网访问各种链接文件等等。企业中的部门与部门以及企业与企业之间都可以通过因特网及时、便捷地分享各种信息，实现低成本的集成、协调管理的目的。

2. 企业内部网技术

企业内部网是按照因特网的连接技术将企业内部的计算机或计算机网络连接起来的企业内部专用网络系统。企业内部网只在企业内部进行信息和数据的传输与交换，涉及企业内部经营管理的各方各面。企业内部网是实现电子商务的基础，企业内部网的用户都使用同样的网络浏览器，企业的决策执行、生产分工、销售等一系列商务应用都可以在企业内部网上一目了然，使企业内各部门之间的联系和协作更加流畅、快捷。同时，在企业内部网上，信息的存放位置都是单一的，使企业内部信息更加便捷，实现了企业内部信息的高度共享以及动态、交互式地存取信息。

3. 企业外部网技术

企业外部网是利用因特网技术将企业内部网与企业外部的销售代理、供应商、合作伙伴等联结起来形成的信息交换网络。价值链中的几家企业共享一个封闭网络，能够更加方便、快捷地实现企业间的信息共享与线上交易，还能避免因特网安全问题带来的风险。

（二）电子商务技术

随着信息技术的不断进步与发展，经济全球化不断深入，电子商务的概念和内涵也在不断扩充和发展。直到今天，人们仍然没有对电子商务下一个统一的定义，我们可以认为电子商务是以现代信息网络为载体的新型商务活动形式，是通过信息网络实现商品与服务的所有交易活动。

从企业的角度来看，电子商务既是面向外部市场的商务活动，也是面向内部的经营管理活动。通过因特网进行电子数据交换，企业的一切商务活动如广告宣传、网络营销、产品发送、业务协作、售后服务等都可以实现。而在企业内部，可以通过信息化、网络化管理实现企业内部活动与外部活动的协调一致。与传统贸易活动相比，电子商务具有以下优势和特点。首先，开放性的电子商务平台使商务活动打破了空间的限制，为企业搭建了进入更大范围市场的桥梁。因特网的覆盖面为企业提供了无限大的市场，电子商务应用使得许多服务能够通过信息技术完成，从而更好地满足了人们的需求；其次，电子商务为全球商务活动的统一打下了基础。电子商务实现了全球范围内的信息共享，这也要求企业在相应的技术条件下遵守相同的商务规则，促进了全球商务活动的统一；再次，安全性是电子商务必须考虑的重点问题；交易信息的保护以及交易的安全性成为电子商务发展的重要环节。建立、健全电子商务相关法律法规，规范电子商务交易环境也是新环境下的重大课题；最后，电子商务在打破空间壁垒的同时也对企业协调能力提出了新的要求。商务活动是一个与供应商、客户、合作伙伴相互协调的过程。比如，在世界范围内采用开放的、统一的技术标准，建立统一的商务平台、电子税收分配机制等。

（三）数据仓库、数据挖掘与商务智能技术

1. 数据仓库

数据仓库是一种由面向决策的多数据源集成的数据集合。数据仓库不是数据库，它面向的是决策，用于管理层管理决策信息并进行分析，可以通过数据挖掘技术在数据仓库中获取决策分析所需的各项信息。

2. 数据挖掘

数据挖掘是从大量数据中提取有用信息并对未来进行预测的过程。数据挖掘以挖掘对决策有价值的、有用的信息为根本目的。

3. 商务智能技术

商务智能技术目前仍然没有一个统一的定义，广泛的说法是通过信息技术收集、管理、分析信息和数据的过程或工具。商务智能技术的目标是改善决策水平，提高决策的及时性、正确性和可行性。

（四）信息系统集成技术

集成是将系统或系统的核心部分、核心要素连在一起使其成为一个整体的过程。在企业信息化中，集成用于构建复杂系统以及解决复杂系统的效率问题。笼统地说，信息系统集成能够优化企业业务流程，实施绩效的动态监控，有效改善信息孤岛化的问题。

根据信息层次的不同可将信息系统集成划分为物理集成、数据和信息集成以及功能集成三种。物理集成是构建一个包含硬件基础设施和软件系统的集成平台，实现系统运行与开发环境的集成；数据和信息集成是将数据与信息进行统一规划、存储和管理，实现不同部门、不同层级间高效的信息共享；功能集成是将各部门的各项功能进行统一规划和分配，在应用上实现各部门功能的协同处理。

根据集成内容的不同可将信息系统集成分为过程集成和企业集成两种。过程集成的实现是建立在信息集成上的，通过过程之间的协调为财务管理清除各项冗余和非增值的子过程，以及由人为或资源等造成的影响过程效率的各种障碍。企业集成包含两层含义：一是在过程集成基础上形成的由人、管理与技术集成的企业内集成；另一层含义是基于外部网络的企业与企业间信息交换与业务处理的企业间集成。

二、财务管理信息系统的技术平台

财务管理信息系统的技术平台由各种网络化基础设施和软件系统组成。包括网络化硬件基础设施、支撑软件系统、应用软件系统、企业应用模型、企业个性化配置系统和安全保证体系六个部分。

（一）网络化硬件基础设施

网络化硬件基础设施是指构成财务管理信息系统的硬件设备，为财务管理信息化的正常运行提供了必备的硬件环境。网络化硬件基础设施是财务管理信息化技术平台的物质基础，是实现财务管理信息化的前提条件。

（二）支撑软件系统

支撑软件系统是支撑财务管理信息平台的基础软件系统，包括网络操作系统、数据仓库、各种工具软件等。支撑软件系统的安全影响着应用系统和系统业务内容的安全。

（三）应用软件系统

应用软件系统是企业结合自身需求选择并实施的财务管理信息系统。通常，单个企业会选择资产管理系统、筹资管理系统、投资管理系统、预算管理系统、成本管理系统等几个部门，集团企业还需增加战略规划系统、风险管理系统和集团资金管理系统等集团财务管理信息化方面的应用软件系统。

（四）企业应用模型

企业应用模型是指企业信息化所采用的模型。企业可以根据自身情况与需求自定义企业应用模型，如业务模型、功能模型、组织结构模型等，并通过相应的支撑软件平台定义各模型的功能系统、组织结构、配置系统参数等。

（五）企业个性化配置系统

企业个性化配置系统能够根据企业的应用模型在系统中选择满足企业管理需求的功能需求，并能根据应用模型的需求配置各项参数，构建一个既符合企业特点又能满足企业需求的个性化系统。

（六）安全保证体系

安全保证体系是为财务管理信息化技术平台以及信息处理内容提供安全保障的所有要素构成的系统总称。安全保证体系包括全风险分析与评价、安全保障技术、安全控制措施以及法律法规体系、安全机制的构建、信息安全机构的设置、安全产品的选择等。

第三节　财务管理信息系统的开发利用

一、财务管理信息系统的开发方法

财务管理信息系统开发方法是软件开发具体工作方式的具体描述，详细给出了软件开发工作中各阶段的详细工作办法、文档格式、评价标准等。在确定了信息系统的开发模式后，就要按照一定的开发方法进行系统的开发。常见的系统开发方法有结构化系统开发方法和面向对象的开发方法。

（一）结构化系统开发方法

结构化系统开发方法是目前普遍使用的较为成熟的系统开发方法，它采用系统工程开发的基本思想，将系统结构化和模块化，然后对系统进行自上而下的分析与设计。具体地，将整个信息系统进行规划，划分为若干个相对独立的阶段，对阶段进行自上而下的结构化划分。在划分过程中，应从最顶层着手，逐渐深入到最底层。在进行系统分析和设计时，先从整体入手再考虑局部。而在系统实施阶段就要实行由下至上的实施方法，从最底层模块入手。最后，按照系统由下至上地将模块拼接起来并进行调试，组成一个完整的系统。

在划分系统时，通常将系统分为系统规划阶段、系统分析阶段、系统设计阶段、系统实施阶段以及系统运行与维护阶段五个首尾相连的阶段，也叫系统开发的生命周期。

1. 系统规划阶段

根据系统开发的需求做初步调查，确定系统开发的目标和总体结构，明确开发过程中各个阶段的实施方法与可行性分析，生成可行性分析报告。

2. 系统分析阶段

这是系统开发的第一个阶段，围绕系统开发的目标深入调查线性系统与目标系统，通过系统化分析建立系统的逻辑模型。在系统分析阶段，主要是对管理业务流程和数据流程进行调查并形成系统分析报告。

3. 系统设计阶段

该阶段是根据上阶段构建的系统模型设计物理模型，主要为总体结构设计和详细设计，形成详细的系统设计说明书。

4. 系统实施阶段

系统实施阶段是根据上阶段的设计进行程序设计与调试、系统转换、数据准备、系统试运行等。同时，还要形成相关技术文本，如程序说明书、使用说明书等。

5. 系统运行与维护阶段

这一阶段也是系统正式开始运行的阶段，主要任务是负责系统的日常管理、维护与系统评价。

（二）面向对象的开发方法

面向对象的开发方法是以人对客观世界的习惯认识与思维研究、模拟现实世界的方法。在这个方法中，客观事物都可视为一个对象，客观世界就是由一个个不同的对象构成的，每种对象都有自己的运行规律和独特的内部状态，不同对象之间相互作用、相互联系共同构成了完整的客观世界。

面向对象的开发方法强调以系统的数据和信息为主线进行系统分析，通过全面、详细的系统信息描述指导系统设计。面向对象的开发过程通常分为需求分析、面向对象分析、面向对象设计以及面向对象程序设计四个阶段。

1. 需求分析

调查研究系统开发的需求和系统的具体管理问题，明确系统的功用。

2. 面向对象分析

在问题域中识别出对象以及对象的行为、结构、数据和操作等。

3. 面向对象设计

进一步抽象、整理上述分析结果并形成确定的范式。

4. 面向对象程序设计

将上一阶段整理出的范式用面向对象的程序设计语言直接映射为应用程序。

运用面向对象的开发方法时，系统分析和系统设计需要反复进行，充分体现了原型开发的思想。

二、财务管理信息系统的需求分析

财务管理信息系统的需求分析是十分必要的。无论信息系统采用哪种开发方式和开发方法，只有通过需求分析才能明确系统的功能和性能，为后续的开发奠定基础。需求分析实质上是一个逐渐加深认识和细化的过程，通过需求分析，能够将系统的总体规划从软件工作域逐步细化为能够详细定义的程度。

系统的使用者对需求分析也具有重要作用。使用者规定了基本的系统功能和性能，开发人员在使用者的基本需求基础上进行调查分析，将使用者的需求转换为系统逻辑模型，最终以系统说明书的方式准确地表达出来。下面以结构化系统开发方法为例，介绍需求分析阶段的目的以及财务人员的工作内容。

（一）需求分析的目的

需求分析即细化系统的要求，全面、详细、系统地描述系统的功能和性能，明确系统设计的限制以及与其他系统的接口细节，对系统其他有效性需求进行定义。通过需求分析，将系统的需求细化，为系统开发提供必备的数据与功能表示。在完成系统开发后，系统需求说明书还将成为评价软件质量的重要依据。

信息系统开发的最终目的是实现目标系统的物理模型，即解决怎么做的问题。物理模型是由逻辑模型实例化得到的。与物理模型不同的是，逻辑模型不考虑实现机制与细节，只描述系统要完成的功能和处理的数据。需求分析的任务就是借助于现行系统的逻辑模型导出目标系统的逻辑模型，解决目标系统"做什么"的问题。

创建目标系统的物理模型是信息系统开发的最终目的，而物理模型是通过逻辑模型实例化而来的，需求分析的作用就是通过线性系统的逻辑模型导出目标系统的逻辑模型。

1. 获得现行系统的物理模型

现行系统的类型多种多样，所以在获得线性系统的物理模型这一步中，要对线性系统进行全面、详细的了解，最终通过一个具体的物理模型客观地反映出现行系统的实际情况。

2. 抽象出现行系统的逻辑模型

这一步骤的实质就是区分决定现行物理模型的本质因素和非本质因素，去掉其中的非本质因素，获得反映系统本质逻辑模型的过程。

3. 建立目标系统的逻辑模型

将目标系统与现行系统进行比较，确定目标系统与现行系统在逻辑上的差别，将与现行系统有差别的部分视为新的处理步骤进行相应的调整，由外至内地分析变化部分的结构，推导出目标系统的逻辑模型，最后进行补充和完善，获得目标系统完整、全面、详细的描述。

（二）需求分析的过程和内容

需求分析的工作过程可以概括为问题识别、分析与综合。

1. 问题识别

通过分析研究系统分析阶段产生的可行性分析报告和系统开发项目实施计划，明确目标系统的需求、需求应达到的标准以及实现这些需求所需的条件。系统需求主要包括功能需求、性能需求、环境需求、可靠性需求、安全保密需求、用户界面需求和资源使用需求等。

2. 分析与综合

细化各系统功能，明确系统不同元素之间的联系和设计上的限制，分析其能够切实满足系统功能的要求，明确系统功能的每一项需求。在明确系统功能需求的基础上分析其他功能需求，进行合理的改进、补充和删改，形成最终的逻辑模型并详细地描述出来。

第四节　实现财务管理信息系统的途径

一、Excel 数据表分析方式

在财务管理信息化工作中，Excel 主要通过数据表处理财务管理工作，因此，财务工作者必须要熟悉 Excel 数据表分析方式。表格是数据表分析方式完成财务管理工作的主要方式，而表格是存在于某个工作表中的，所以，设计数据表、采集数据、编辑工作表对掌握数据表分析方式非常重要。

（一）设计数据表格式

通常来讲，用于财务管理工作的表格都应包括表格标题、表头、表尾、表体固定栏等内容。下面以 A 公司第一季度销售情况为例，介绍如何在 Excel 中设计数据表。

1. 编辑并编排标题

标题是文字，属于文本数据类型。输入前首先要选择标题所在的单元位置，然后输入标题内容。方法如下。

标题以文字的形式表达，属于文本数据。选中放置标题的单元格，编辑标题。通常情况下，标题都会输入在 A1 单元格中。输入好的标题还可根据实际需求进行灵活调整，如标题的位置、字体、字号、字体的颜色、显示效果等，使标题更加突出和醒目。

标题的位置大多数时候需要根据报表表体所占据的列数进行适当调整，为了使标题看起来美观、端正，通常标题都会设置为居中。

2. 表头、表尾的编辑

通常情况下，数据表的表头包括数据表的编制日期、编制单位、表格栏目分类、货币单位等内容。其中，数据表的编制单位、货币单位、表格栏目分类属于文本数据类型，编辑方式与数据表标题的编辑方式相同。

需要注意的是，有的日期类型实例前有"＊"号标记，有的日期类型实例前则没有。如果选择使用有"＊"号标记的日期类型，则会影响操作系统对区域日期和时间设置的更改操作，而没有"＊"号标记的日期类型则不会对操作系统设置造成影响。

设置好单元格的日期格式后就可以输入日期了，年月日之间通常用"/"或"－"隔开。在本例中选择用"－"号隔开。

表尾通常指报表下框线以下一些说明性内容，有的表格的表尾没有内容。一般情况下，表尾的内容都是文本类型，编辑方式与标题的编辑方式相同。一些内容较长的表尾，一行无法显示全部内容，这时需要将单元格设置为自动换行。

（二）采集数据

在通过 Excel 处理业务数据前，需要将业务数据采集到指定工作表中。Excel 采集数据的渠道有两种，一种是直接输入，另一种是从数据库或其他工作表中获取。其中，直接输入又分为人工输入数据和通过公式自动生成数据两种方式。

1. 输入数据

在 Excel 中，输入的任何数据都可以按常规形式输入，完成输入后再根据实际需求设置单元格格式，使其分为文本、货币、日期、时间、百分比等不同类型。也可以先定义单元格的格式再输入数据。以输入货币数据为例，在输入数值前可先输入货币符号，如

"　"" $ "等，这时 Excel 会自动为输入的货币数据添加千分号。也可以通过常规行使输入数据，再选定单元格设置单元格格式，方法与设置日期类型的方法相同。

在实际应用中，货币的符号会显示在数据的最前面，货币数据在显示过程中可能因为小数点不对齐的原因，使数据查看与比较变得比较困难。这时可将单元格设置为会计专用货币格式，使数据的小数点对齐，方便使用者对数据的进一步处理和使用。会计专用格式的设置方法与设置货币格式的方法类似。

2. 简单数据的自动填充

对于有一定规律性的数据，如一列或一行连续的单元格要填入相同的数据，又如从 1 到 10 的自然数序列，可以使用简单的自动填充功能。

3. 复杂数据的自动填充

像等比数列、等差数列、日期等数据，也具有规律性，但属于复杂的数据，这时可以采用复杂数据的自动功能进行填充。

4. 自定义序列的自动填充

在实际应用过程中，有时还需根据实际情况设置特殊的序列，如按照日期、月份、季度等排列的序列。这种序列既不按照数字规律排列，也不按照字符的 ASCII 排列，因此无法用上述两种方法设置自动填充，需要通过 Excel 的自定义功能实现自动填充。

5. 用下拉列表快速输入数据

针对那些枚举类型项目的输入，如销售部、后勤部、采购部、运营部等不按名称出现的部门名称的输入，可以通过设置下拉列表的方式实现快速输入。

（三）编辑工作表

制作一张工作表很多时候并不能一步到位，需要进行适当的编辑才能达到最好的效果。根据内容适当调整单元格格式，单元格的行高与列宽，对输入的数据做最后的编辑与审核、修订等，都是编辑工作表的主要内容。

1. 选定编辑对象

要编辑工作表，选定工作表对象是最基本的前提。编辑对象既可以是单元格或单元格区域，也可以是某一列、某一行，甚至是整个工作表。选定编辑对象的几种方法都很简单，在这里就不多做介绍了。在处理会计业务、财务业务、审计业务过程中，经常需要在大量的数据中找到需要处理的数据。如何在庞大的数据中快速准确地找到目标数据，就需要使用 Excel 的定位功能了。可以根据已知条件如公式、有效数据、批注等作为查找的条件实现目标数据的快速定位。

2. 设置单元格格式

设置单元格格式主要包括设置单元格内文本的对齐方式、字体、字号、数据类型、单元格的边框和底纹等。

在处理财务业务、会计业务、审计业务的过程中经常需要为一些特殊数据进行标记，使其更加突出、醒目，能够引起相关工作人员的注意。

3. 调整行高与列宽

在工作表中输入数据后，有时会显示为"########"，这说明单元格的高度或宽度不够，无法显示全部内容，这时需要调整单元的行高或列宽。调整单元格行高和列宽的方法非常简单，将鼠标放到行或宽的边框上，使鼠标指针变为垂直的双向箭头，这时按住鼠标左键拉动边框，边框就会跟随鼠标光标移动变大或缩小，调整到合适的大小后，释放鼠标左键即可完成调整。

4. 数据的编辑与审核修订

数据的编辑包括对输入数据进行移动、清除、插入、替换、复制、修改等操作。

Excel 拥有跟踪修订信息功能，启用该功能后，同一用户对工作表中所有数据进行编辑，以及不同用户对同一数据进行编辑后，都会留下数据编辑的记录。通常，跟踪修订信息功能是默认关闭的，需要手动打开。

5. 在工作表中添加其他内容

可以在工作表中添加图片、特殊文本、批注等内容，使工作表更加生动、形象，也方便使用者阅读、使用，突出重点，满足不同使用者的需求。

二、图形分析方式

通过数据表分析方式处理数据通常会以数据的形式呈现出分析结果，这种呈现方式尽管十分精确，但无法直观、清晰、生动地呈现出数据的变化、趋势、差异等，用户如果需要掌握数据的这些情况就需要进一步分析和思索。Excel 丰富、强大的图表功能完美地解决了这个问题，用户可通过 Excel 提供的图表展现数据间的变化、差异、趋势、周期等，使数据分析结果更加清晰直观、生动形象，使图表成为数据分析结果的一个直观的补充。

（一）Excel 的图表类型

Excel 共提供了多种标准的图表类型，包括柱形图、折线图、饼图、条形图、面积图、散点图、股价图、曲面图、圆环图、气泡图以及雷达图。在每种图表类型下还细致地区分出若干子图表类型。如果这些图表类型都不是你想要的，还可以通过设置自定义图表类型。

（二）建立图表

在 Excel 中建立的图表可分为两大类，嵌入式图表和图表工作表。嵌入式图表是在原始数据的工作表中直接绘制的图表，图表工作表则是在一个独立的工作表上绘制图表。无论是嵌入式图表还是图表工作表，都与原始数据表中的数据有千丝万缕的联系，能够清晰、直观地显示出原始数据的特征、规律、变化等。

三、Excel 的函数结构

Excel 提供的函数功能为财务事务的处理带来了极大的便利。Excel 中的函数是一些预定义的公式，公式中的参数会按照特定的顺序或结构计算，与数学中函数的概念相类似。用户也可以自定义函数，在定义函数时需要定义函数的名称，并指定参数或变量以及它们之间的计算规则。在使用函数时，只需要给出参数或变量的值，同时按照函数规则进行计算即可。如果参数发生变化，计算得出的结果，即函数的值也会发生变化。

Excel 强大的函数功能已经为用户提供了丰富的函数，包括基本运算函数、统计函数、财务函数等，用户可以直接使用。比如，用于求和的函数 SUM，能够计算单元格、单元格区域、常数等的和；还有用于求平均值的函数 AVERAGE；用于计算固定利率以及等额分期付款方式的函数 FV 等。

在 Excel 中，函数的基本结构通常包括函数名称、参数（或变量）、括号三个部分组成。所以函数的基本结构可以看成为"函数名称"。通过函数名称了解函数的含义，可表示为一串字符，每个函数的名称都是唯一的。函数名称后是将参数括起来的括号，如果存在使用多个参数，参数与参数之间需用逗号隔开。函数中的参数是可以变化的量，参数的定义需要根据函数的定义来确定。

四、宏

在通过 Excel 财务业务过程中，时常会重复执行某一系列相同的操作，这时就可以利用 Excel 的宏，将系列操作过程录制成宏，之后再需要进行这些操作时就可以运行宏，简化操作步骤，提升业务处理的效率。

Excel 拥有录制宏的功能，同时为了使宏的功能得到优化，用户还可通过 Visual Basic

对录制的宏进行编辑。同时，为了能更好地运行宏，用户设置宏的快捷键，或与工具栏、菜单项建立关联，通过设置这些快捷功能可以更加快捷地运行宏。此外，宏还可以在不同模块间、工作簿间进行复制，提高宏的利用率。

第五章 财务管理信息化

第一节　成本管理的信息化

一、成本管理的目的及内容

（一）成本管理的目的

传统的成本管理以节约为目的，强调成本的节约和节省。节约成本是企业成本管理的主要依据，从降低生产经营成本到尽量避免某些费用的发生都是成本管理的内容。

随着市场经济与企业管理理念的创新和发展，企业成本管理的目的是提高成本的投入产出效率。在成本效益观念的思想指导下，从投入与产出的对比判断投入成本的必要性与合理性。换句话说，就是如何投入最小的成本获取最大的经济效益。成本管理的主要内容是研究成本增减与企业收益的关系，制订出能够实现收益最大化的成本预测方案和决策方案。

（二）成本管理的内容

传统成本管理的重点是产品物料成本的管理，同时加强对生产过程中的成本分析与成本控制。现代成本管理是传统成本管理的重大突破，管理范畴不局限于生产过程，还包括市场、销售和研发，甚至延伸到售后服务。成本除了产品物料成本外，还包括研发成本、营销成本、物流成本、售后成本等。同时，更加关注非物质成本的管理，如人力资源成本、产权成本等。

总的来看，现代成本管理涉及的对象多，不仅包含了生产成本、采购成本等物质成本，还包括人力资源成本、产权成本等非物质成本；延伸的范围广，从生产到研发、销售以及售后等多个环节。企业管理层通过成本信息分析产品盈利情况、销售情况等，从而制订出产品组合决策、定价决策等一系列决策。

成本管理的过程可分为成本核算与成本控制两个部分。成本核算是成本控制的前提，有了准确的成本核算信息，成本控制才能有的放矢，有效提高成本投入的产出效率，获得更高的收益。

（三）成本管理的方法

1. 价值链分析法

将价值链分解为与企业战略有关联的各种经营活动，了解成本的特性，分析产生成本差异的根源。

2. 目标成本法

该方法在设计、开发新产品或新服务时经常被采用，使新产品或新服务具有较强的成本竞争力，在生命周期内就能达到预期利润。目标成本法有时也用于降低现有产品和服务的成本。

3. 产品周期成本法

该方法用于计算产品、服务或品牌从研发到退出市场期间内的总成本与盈利能力。

4. 成本动因分析法

分析影响作业成本的因素并为因素排序的方法。成本动因分析法在不同层面的成本管理中都可应用。

5. 对象成本法

根据作业清单或流程清单计算产品、服务、品牌的技术。

6. 作业成本管理法

作业成本管理法是一种新的成本管理方法，对企业内部改进与价值评估等方面有重要意义。根据通过作业成本法获取的成本信息实现对整个生产流程的成本控制。作业成本管理法的中心在作业的管理、分析和改造上，能够实现系统化、动态化，是具有前瞻性的成本控制。

二、成本核算信息化

（一）成本核算信息化的必要性

由于易受多种因素的影响，传统手工管理模式下的成本控制很难实现对各个环节的最佳控制。随着生产自动化的发展，产品的种类细化、产品分类复杂化，传统的以人力劳动为主的粗放型成本方法已无法适应现代企业管理的发展和需要。现代企业需要一个既能对成本实施全面监控、管理、协调与计划，又能实现企业各项业务活动都面向市场的一个集成化系统。ERP 不仅能够提供全套的物流方案，还能对企业生产流程的全过程进行监控与优化，也为企业的成本管理提供了强大的控制功能和丰富的分析功能。成本管理信息化是经济全球化、知识信息化的必然要求，建立成本管理系统是顺应时代发展潮流的必然选择，也是企业提高市场竞争力与经营能力的必然要求。

（二）成本核算信息化的主要内容

成本核算信息化主要包括成本中心核算。订单成本与项目成本的归集与核算、产品成本的核算、成本收益分析、利润中心会计、附有管理决策的执行信息系统以及估计标准成本。

1. 成本中心核算

成本核算信息化应具备成本预算、标准成本与实际成本之间的差异对比，制作成本报告、成本分析等。凡涉及成本的信息都会在对应的成本中心记录下来，再进行分别核算。核算的数据会同时或定期以批次的形式发送到产品成本模块和获利分析模块中。

财务会计会将基本数据与总分类科目记账发送到管理会计模块中。并且，记账凭证中的科目指定条款被扩大到不同的辅助科目指定条款。在成本核算系统中，不仅能够记录初级成本，还能记录该成本相关的条目性质，如时间、单位、数量等。如果企业使用的是外部会计系统，可通过数据接口向管理会计模块中传送所有记账业务流程和初级成本要素。

在一个核算结果数据组中包含了项目层次上与管理会计相关的所有信息，可实现数据的独立保存，而不与总分类账和明细分类账的归档期间产生关联。在数据保存期间内，管理会计模块中的信息系统能够直接从财务模块中抽取原始凭证。

2. 订单成本与项目成本的归集与核算

成本与订单成本的归集与核算需要供应链的上游厂商与下游厂商的协作配合才能实现。成本系统会收集并过滤成本信息，通过对比计划与实际结果实施对项目与订单的监控。同时，成本系统还提供了备选成本核算方案和成本分析方案，促进企业其他业务活动的展开。生产成本管理面向的是企业的生产流程和作业流程，成本核算方法由模块中的基础数据和基础程序决定。

3. 产品成本的核算

产品成本核算功能除了可进行成本核算与分摊成本外，还能针对单个产品或服务进行成本分析，收集物流、技术方面的数据信息。除此之外，产品成本核算模块还可监控成本结构、成本要素和生产运营的过程，预测单个对象或某个整段时期的成本。产品既能是有形的物质产品，也可以是服务、技术等无形的产品。核算产品生产成本的目的在于确定产品的制造成本与销售成本，通过对比优化产品的制造成本。成本核算得出的数据是产品定价的重要依据。产品制造成本的核算为存货评估提供了依据。

4. 成本收益分析

成本收益分析是估算、衡量投入与产出的一种方法，帮助企业解决如哪种产品会获得最高收益、订单的成本与利润的构成分配等问题。成本收益分析会向销售模块、市场模块、战略经营计划模块等提供第一手的面向市场的信息，企业管理层通过这些信息判断企业在现存市场中所处的位置，评估新产品的市场潜力。

5. 利润中心会计

利润中心会计模块为需要定期进行获利能力分析的企业提供信息和方案。利润中心会计通过收集业务活动成本、运用费用、活动结果分析等信息，评估各业务领域的获利能力与效率。

6. 附有管理决策的执行信息系统

系统收集数据、准备数据的能力决定了决策过程所需的信息质量。执行信息系统拥有一个可从不同部门收集包括成本发生在内的各种数据，并将其汇总、加工为支持企业决策的信息。

7. 估计标准成本

估计留置库存中产品的标准成本，通常用于估计指定计划期间如一个会计年度内的产品标准成本。估计产品标准成本能够明确生产产品和销售产品的计划成本，无须考虑客户的购买时间和订购频率。

在估计产品的标准成本时，可由投料量核算直接物料成本，通过计划价格评估和计划数量获取直接物料成本。物料的间接成本以附加费的方式应用。生产成本的核算通过成本计划期间内确定的作业类型及其价格进行。因此，所有操作都应明确产品的计划数量。通常情况下，需在一个工作流程中完成确定产品计划数量的操作。如果证明了生产的间接成本不包含在作业价格中，可以附加费用的方式确定。此外，管理费用、运输保险费用都与生产产品的计划成本有关，通过计划手续费率实现。

三、成本控制信息化

（一）流程化的成本控制

在缺少信息支撑的环境下，流程化的成本控制标准与控制流程之间无法形成有效联系，控制流程无法及时获取控制标准和成本控制执行情况的差异数据。目前我国企业在成本控制方面仍存在一些较大的问题。现代成本控制在我国发展较晚，多数企业仍没有形成统一的成本管理平台，实施统一管理和数据共享。在成本控制软件开发上仍有不足，缺乏有效的流程管理工具和分析监控工具。成本控制信息化建设不完善，某些流程的执行仍依靠人工操作，影响工作效率。

（二）成本控制协同工作平台

成本控制协同工作平台是一个以网络为基础构建的系统，可以提供成本控制与费用控制方案，且能落实到员工层面的费用控制。基于网络构建的成本控制协同平台不需要对客户端进行维护，无需考虑客户端，可随意升级应用软件。财务人员可随时随地登录成本控制协同工作平台，操作简便，容易学习。

（三）成本费用控制的具体需求

成本费用控制是一种多维度的费用控制，根据不同的维度要素，如部门、科目、费用标准等实施成本控制，也可以根据费用类别进行控制，如规定某种类别为严格按照标准执行的一类，某种类别为可不受硬性约束的一类，如果超出预算则需说明超出原因。使用者可自定义预算控制层级和审批流程。成本费用控制的目的是实现费用支出与资金支出的事前控制与实时控制。

（四）成本费用控制思路

在成本费用控制系统中，预算控制与日常审核流程形成了有机结合，审批过程可在业务活动发生前完成，实现了事前控制。在审批过程中，审批人与业务活动发起人都能从成本费用控制系统中获取该业务活动的预算数、预算执行数等预算信息，根据这些信息对业务活动进行分析和判断。

（五）预算控制方案

在成本管理系统中，可根据企业的要求及财务工作的特点自定义单据、模块的功能和业务流程等。审批机构的设置支持成本管理系统科目的多级设置，还提供设置审批上报的限额、计划期间的超支比例、超支后的控制方式等功能。使用者可根据自身需求调节，使预算控制力度与执行力度更加灵活可控。针对任何费用的申请，系统都可提供个性化的控制逻辑和控制流程。

可根据企业的不同业务设置审批流程，也可根据企业组织架构、科目类别等其他角度定义审批流程。此外，还可根据需要设置多人审批模式。

通过预算控制可实现企业内部不同层级的预算控制，实施不同的预算控制规则，采用不同的控制流程、审批级次和审批额度，满足企业在资金支付与预算控制方面的层次化管理需求。

四、作业成本法

（一）传统成本方法的缺点

1. 管理层关注重点

随着市场竞争的日趋激烈，越来越需要强化企业内部的管理。对于成本信息的准确、及时、可控也就更加重要，企业内部的战略层面、策略层面和经营层面对成本信息的需求也越来越复杂。

随着市场经济的发展，市场竞争的日益激烈，企业内部管理对企业发展的影响越来越大。特别是对成本信息的管理和利用，对企业战略与经营策略的制定、企业的经营管理都影响巨大。

从企业战略层面看，准确、可靠的成本预算是制订战略决策的重要信息依据，通过成本预算可推测出前景良好的市场或产品、分析企业及其竞争者在市场中所处的地位、科学定价以提升产品定价的竞争力、确定企业应与供应商和客户建立的关系、判断提高现有产品和市场组合的盈利能力的方法或策略等。

从企业策略层面看，准确、可靠的成本预算是优化企业资源配置、提高产品开发效率的重要依据。通过成本预算可使企业的资源及其利用率情况明确，分析提高资源利用率、优化资源配置的方案；评估产品定价的合理性分析、制订在确保产品质量和服务质量的基础上控制成本的策略和方案。

从企业经营层面看，通过成本信息能够更好地制订企业资源的使用方案，提高资源的利用效率。根据成本信息可以分析成本的驱动因素，制订控制成本的策略和方案；制定评价工作效率的标准、决定预算的标准以及预算超支的责任认定标准；制定衡量目标的成本基准；分析绩效系统对业绩的影响等。

2. 传统成本分摊方法的局限性

（1）传统成本计算方法的局限性

采用传统的成本计算方法，由于计算速度慢，计算方法的落后，无法为各部门、各层级提供准确、实时的成本信息，且只能提供根据成本费用科目得出的账面成本信息。制作的成本报表，内容与格式都较为单一，无法满足不同部门不同层级的成本管理需求。在成本信息中，无法提供准确、详细的产品信息与客户成本信息。此外，成本信息的查询、分析与规划也较为耗费时间和人力。

（2）传统成本分摊方法对现代化经营的影响

随着市场经济与现代信息技术的发展，以物资需求计划为核心的管理系统在企业中的应用越来越广泛。同时，随着生产规模的扩大，制造的集成化，传统成本分摊方法造成了产品成本信息与显示脱节的情况发生，造成了严重的成本扭曲。扭曲的成本信息自然无法做科学、准确的决策，最终会影响企业战略、决策的制订和盈利能力。

在现代化生产经营管理中，传统成本分摊方法的局限性被进一步扩大，这些局限性是与生俱来的，无法改变的。并且，随着经济全球化的发展，国际性竞争的日益激烈也成为促进这些局限性进一步扩大的因素。随着企业生产经营环境的变化，生产经营的成本费用在企业总成本费用中的占比越来越高，类型也越来越多。一方面，固定制造费用的在总成本费用中的占比增加直接人工费用的占比下降，制造费用的分配率过大容易导致产品成本失真。另一方面，与工时无关的费用越来越多，且增长快速，而采用不具因果关系的人工对这些费用进行分配必然会导致虚假成本信息的产生。

上述这些问题都会掩盖成本发生的实质，造成成本扭曲，影响企业战略、决策的准确性与可靠性。

（二）作业成本法与作业成本管理

作业成本法也被称为作业成本分析法、作业成本核算法，是一种先进的成本核算方法和控制方法。作业成本法最初在美国被广泛应用，后来传入英国、加拿大等地，随后火速传遍全球，在多个国家得到了推广和普及。最初，作业成本法只用于制造行业，逐渐扩展到保险、金融、医疗卫生等其他行业领域。作业成本法能够深入分析成本的形成过程，反映作业消耗资源的速度，能够及时发现并控制低效或无效作业，在过程中实现对成本的有效控制。

作业成本法能够为企业内部各部门、层级提供全面的、准确的、多层次的、详细的成本信息，也能为企业外部提供相应层面的成本信息，可根据成本信息的用途提供不同分类标准的成本信息。除提供成本信息外，作业成本法还可预测、规划企业的未来成本。

作业成本管理是以作业成本法为基础的新型集中化管理方法，通过计量作业与作业成本计算出产品的成本，并将成本计算落实到作业的不同层次，最终达到增加企业利润的目的。作业成本管理将成本管理深入到作业的各个层次，形成成本链分析，如作业分析、动因分析等，为决策层提供准确的成本信息，精简或消除低效与无效作业，指导企业有效地执行必要作业，降低作业成本，提高作业效率。

五、作业成本管理的信息化

以作业成本管理系统为基础开发的作业成本管理应用软件具有强大的处理复杂数据的功能，以作业成本管理思想为指导，进行动因分析、资源分析、作业分析，并将发生的成本按照资源、动因、作业进行分类归集和汇总，报告各项作业信息。

作业成本管理系统既可以作为一个独立的、综合性成本管理软件使用，也可与企业现有的管理模块配合使用。在已全面实施 ERP 系统的企业内，通常会将作业成本管理系统作为成本管理功能中的子模块嵌入到 ERP 系统中。无论是独立使用还是与其他管理系统协调使用，在开发和应用作业成本系统时，既要满足企业对成本管理的需求，又要考虑到与其他系统的协调使用，使作业成本管理系统更具灵活性与适用性。

以作业成本管理为基础的成本核算系统主要有基础数据模块、成本计算模块、成本分析模块，基础数据模块，主要用于各功能的基础设置，如业务设置、系统配置、作业成本管理设置、管理模型设置等；成本计算模块，主要功能有采集数据、成本标的与成本过程的计算，作业计算、成本过程查询等；成本分析模块，可进行成本分析、作业过程分析、成本的规划与查询，还可进行分层次、分过程的分析与查询。

成本核算系统十分灵活，可根据不同需求进行个性格设置。如基于企业具体的业务情况自定义活动、作业、作业中心、作业库、产品分类、产品及成本的设置等。基于作业成本管理的基本原理，可自定义系统的成本科目、成本费用、活动信息、动因等。基于企业业务数据和作业成本管理数据的对应关系，可设置作业成本管理模型，实际上就是通过作业成本管理的方法表现业务流程和业务数据。使用者可根据具体的业务情况设置不同的成本管理模型。

作业成本管理的实现需要业务系统与成本管理系统的协调配合，因此，作业成本管理系统的数据采集接口具有较强的灵活性与适应性。既可以通过企业的信息系统获取数据，也可以通过人工手动输入数据。数据的转换与传递既可以通过数据转换工具，也可以通过导入导出的方式实现。采集数据的方式也非常方便、灵活。灵活、便利的数据接口可使作业成本管理系统与 ERP 系统的相应模块实现对接，如财务模块、生产模块、库存模块等，并能直接从这些模块中获取成本计算、成本分析的必要信息，加强了作业成本管理系统对企业业务系统的控制。

作业成本模型采集相应数据后即可通过作业成本系统计算成本。系统提供的成本计算功能要比传统成本核算功能更加强大，不仅可以计算过程成本，还可计算作业成本与成本标的成本。并且，能够结合业务的实际情况实现多层次、多角度的成本计算。除此之外，作业成本管理系统还提供辅助部门费用的交互分配模型；根据成本信息进行成本趋势分析、成本规划、盈利分析等成本分析以及项目成本查询、产品成本查询、沉没成本查询等成本查询，并能根据成本情况提供报价分析。作业成本管理系统还可按照产品、订单、客户、工序等不同维度及多个维度组合进行成本分析和查询。

作业成本系统将成本核算深入到作业，能够提供不同作业环节的成本结构信息，并能查询产品成本结构、分析成本结构变化的过程。可通过历史产品信息模拟新产品、新订单等的成本，为新产品、新项目的定价决策提供数据支持。

第二节 固定资产管理的信息化

一、固定资产核算子系统概述

(一) 固定资产核算子系统的含义

企业固定资产通常可分为生产经营用固定资产、非生产经营用固定资产、出租用固定资产、未使用固定资产、不需用固定资产、融资租入固定资产、土地等几大类。不同类别的固定资产设置相应的明细科目。

通过"固定资产""再建造""累计折旧""固定资产清理"等几个账户实现对固定资产的取得、建造、使用、报废清理等过程的核算与管理。在明细科目下，还可设置"固定资产登记簿"和"固定资产卡片"，用于明细核算科目。

在传统的手工核算方式下，固定资产的处理流程通常从固定资产卡片的处理开始，记入固定资产明细账后，每项固定资产在当月的折旧、累计折旧、净值等进行一一计算，汇总后再与总账进行核对。

实现会计电算化后，固定资产的处理流程与传统的手工处理流程基本类似，数据的记录通过计算机录入完成，定义计算公式，计算机便会根据用户的定义自动计算出当月每项固定资产折旧与累计折旧的数据。同时，还可根据用户指定的条件进行统计、查询、汇总与打印等操作。

使用计算机处理固定资产业务，与传统的手工核算方式相比，无论是在速度上还是在灵活度与精确度上都有了极大的提高，极大地降低了财务人员的工作强度与工作量，提高了工作效率。

（二）固定资产核算子系统的特点

固定资产子系统具有数据量大、数据处理频率低、处理方式简单、综合查询与统计要求高、自定义功能灵活等特点。

企业的固定资产数量非常多，为了便于各部门随时都能掌握固定资产的详细情况，需在固定资产核算子系统内保存每项固定资产的详细资料，这将会是一项比较庞大的数据，并且这些数据的保存时间会很长。同时，还应留出相应的审计线索，便于企业对固定资产的管理，已经淘汰的固定资产资料也应保留在系统中，因此，有些固定资产的资料会跨年度长期保留在固定资产核算子系统中。

固定资产的详细数据在固定资产核算子系统初始化设置录入后通常便无须再次输入，相应固定资产的变动数据、折旧信息等只需在日常处理业务中输入变动数据即可。因此，相对于其他会计子系统而言，固定资产子系统的数据处理明显较低。

固定资产处理主要是计算固定资产的折旧与各种统计报表、分析报表，因此，固定资产核算子系统的数据处理方式相对于其他会计子系统而言较为简单。尽管计提折旧，计算折旧的工作量比较大，但计提折旧的算法较为简单。所以，从整体上看，固定资产核算子系统的数据处理仍是较为简单的。

固定资产核算系统的数据主要以报表的形式输出，为了满足企业对固定资产核算与管理的需求，固定资产核算子系统应具有灵活便利的数据查询功能与强大的分类统计功能。

在实际工作中，固定资产的信息通常以报表的形式表现。因此，固定资产核算子系统应具备灵活的自定义功能，允许用户根据实际需求自定义报表。此外，固定资产卡片根据企业对固定资产不同的管理需求也会有所不同，固定资产核算子系统也应当具备自定义固定资产卡片的功能。

二、固定资产核算子系统的设计

（一）固定资产核算数据处理流程设计

1. 传统手工核算处理流程

固定资产的核算主要分为两方面内容，一是固定资产增减变动的核算，二是固定资产折旧的计算。

固定资产的购入、建造、出售、投资转出、报废等都会产生固定资产的增值或减值，做好固定资产核算才能如实、准确地反映企业固定资产变动情况和实际数额。当固定资产发生增减变动时需填制相应的凭证，如报废申请、固定资产交接单等，凭证中要准确体现发生增减变动的固定资产的名称、规格、原价、制造单位等。根据固定资产的原始凭证建立固定资产卡片。当固定资产在使用过程中发生变动，如内部转移、停止使用、重大修理等，需要根据固定资产变动凭证将变动内容登记在固定资产卡片中，建立固定资产登记簿，分类别管理固定资产。当固定资产发生变动时，根据相应凭证在登记簿中固定资产增减金额，在月末时，核算出余额，并与固定资产卡片中记录的原价总值与总账中记录的固定资产余额进行核对。

当固定资产折旧费用会以折旧费的形式转移到产品成本中，从产品销售货款中回收成本。固定资产折算方法有平均年限法、双倍余额递减法以及年数总和法三种。

2. 固定资产核算信息化处理流程

（1）固定资产核算子系统的功能。

固定资产核算子系统具备的功能有：固定资产增减变动凭证以及固定资产卡片的输入、固定资产卡片文件的更新、固定资产的计提折旧以及自动转账、固定资产相关账表的输出。

在固定资产核算子系统中，不仅能够输入固定资产增减变动凭证和卡片，还可对卡片进行保存与管理，用户还可在系统中对固定资产增减变动凭证和固定资产卡片进行查询、统计、修改、删除、汇总等操作。同时，系统会根据固定资产相关凭证自动核算固定资产的增减变动情况，并自动更新固定资产卡片的内容，最后在固定资产明细账中登记相应内容。固定资产的计提折旧与分配完成后，系统会生成固定资产折旧计算分配表，并以此为根据自动编制转账凭证，传送至财务处理子系统和成本核算子系统中。

（2）固定资产核算子系统的处理流程

在固定资产核算子系统初始化时，每项固定资产都需在系统中建立固定资产卡片与固定资产卡片文件。当固定资产发生变动或进行内部转移调整时，要根据固定资产变动凭证制作固定资产变动文件，并在固定资产卡片中记录变动内容，固定资产变动文件则在固定资产文件中生成相应的内容。系统会根据固定资产变动文件自动生成固定资产登记簿以及固定资产增减变动表，根据固定资产卡片文件中的科目计算折旧并编制折旧计算表和汇总转账凭证，最后传送至财务处理子系统和成本核算子系统中做进一步处理。

（二）固定资产核算子系统功能模块的设计

通过上面对固定资产核算子系统功能与处理流程的分析与描述，固定资产核算子系统至少应具备数据维护、增减核算、折旧核算、数据查询、账表输出以及自动转账六个功能模块。

1. 数据维护功能模块

负责固定资产卡片以及固定资产卡片文件的建立与管理，包括录入固定资产原始卡片、设置固定资产使用部门代码、设置固定资产折旧计算方法、定义折旧率等。

2. 增减核算功能模块

主要负责固定资产增减变动数据的输入，系统会将变动数据自动计入固定资产明细账中，同时更新固定资产卡片内容，计算出固定资产月增减数，记录在固定资产总账中。

3. 折旧核算功能模块

主要负责固定资产的折旧计提与分配，并制作固定资产折旧计算表与汇总表。

4. 数据查询功能模块

可根据企业管理的需求设定查询项目与查询关键字。

5. 账表输出功能模块

按照月度、季度、年度编制固定资产报表并打印。

6. 自动转账功能模块

根据生成的固定资产折旧计提分配表生成转账凭证并传送至财务处理子系统中。

（三）固定资产核算子系统数据库结构的设计

1. 固定资产代码库

固定资产代码库用于保存固定资产名称与代码。在固定资产核算子系统中，为了方便计算机的计算处理，固定资产都以代码的形式显示。并且，在向系统输入某项固定资产时，固定资产的名称与代码必须是代码库中保存的，否则系统会将该项固定资产视为非法代码，提高了系统的安全性与可靠性。

2. 固定资产类别库

固定资产类别库用于储存固定资产类别名称与类别代码。固定资产类别库与固定资产代码库十分类似，在计算及处理过程中，有关固定资产的类别名称都显示为类别代码。在录入固定资产时，出现的固定资产类别必须是固定资产类别库中存在的名称与代码，否则将会被系统视为非法。

3. 部门代码库

部门代码库用于存储固定资产使用部门的名称和代码。同上述两个数据库相同，输入的固定资产使用部门名称与代码必须是部门代码库中已经存在的，否则将会视为非法。

4. 固定资产库

固定资产库用于存储固定资产的原始数据，也是系统中最基本的数据库，固定资产卡片数据也储存在固定资产库中。

5. 固定资产增减变动库

固定资产增减变动库用于存储固定资产的增减变动信息，数据库中的信息会随着固定资产的增减变化随时更新。

6. 分类汇总库

分类汇总库用于存储在各部门使用的固定资产的原始价值的汇总数。

7. 固定资产折旧库

固定资产折旧库用于存储"折旧计算"后各类固定资产的月折旧额与年折旧额。

8. 固定资产登账明细库

固定资产登账明细库用于存储经登账处理后的固定资产数据，用于库中文件分类、汇总、折旧计算、增减明细表的输出等。

9. 转账格式数据库

转账格式数据库用于存储固定资产增减变动及折旧计算后各会计科目间的借贷关系，为系统生成转账凭证提供信息。

三、固定资产核算子系统的数据处理

固定资产核算子系统的数据处理包括系统初始设置、系统初始数据的录入、固定资产日常处理数据的录入、固定资产折旧计算、折旧汇总及转账数据、固定资产卡片的更新、转账凭证的编制、账表的输出。

（一）固定资产折旧的计算

固定资产折旧计算的方法在上面提到过，主要有平均年限法、工作量法、双倍余额递减法以及年限总和法。企业可根据自身实际情况选择一种方法，经过财务部门审批后，与计算方法相应的计算公式在系统初始设置中进行设定。

（二）固定资产卡片文件的更新

在完成每月固定资产计提后，固定资产卡片文件需要根据当月固定资产变动文件及固定资产内部调动文件的记录更新内容，便于下个月固定资产折旧的处理。在更新固定资产卡片文件时，如果固定资产增加了，只需在固定资产卡片文件中增加记录即可；如果固定资产减少了，需在固定资产备查文件中记录该项固定资产卡片文件，之后在固定资产卡片文件中删除减少的记录；如果发生固定资产的内部调动，需在固定资产卡片中更新使用部门代码，同时，在固定资产卡片文件或固定资产备查文件中记录原来的使用部门。

在系统使用过程中，无论是更新固定资产卡片的内容还是进行折旧计算，都应加强对系统数据的保护，降低错误操作或设备故障对系统数据造成的破坏。

四、固定资产核算子系统的输出

固定资产核算子系统输出的内容非常多，如固定资产卡片、固定资产增减变动表、固定资产折旧计算表、转账数据汇总表等。因此，输出功能与模块也是固定资产核算子系统中的重要部分，是体现系统处理成果的重要方式。输出方式有屏幕显示、打印两种。

第三节　预算和控制管理的信息化

一、全面预算管理概述

预算是以企业战略目标为根本，对企业资源进行分配的一种系统的方法。企业通过预算对战略目标的执行进行监控，加强对企业开支的控制，预测未来的现金流量与企业盈利情况。全面预算反映的是企业未来某一时期的全部生产经营活动的计划，以实现企业利益最大化为目的，将销售作为预测起点，预测企业生产、成本、现金收支等情况，并根据预测编制预计损益表、预算现金流量表等，反映企业未来的财务状况与经营状况。

二、全面预算管理的技术难点及解决方案

（一）全面预算管理的技术难题

企业全面预算要从每年的 10 月便开始准备，直到来年的 3 月结束，其中，各部门预算的收集就要花费 2 个月的时间。在收集预算的过程中，会出现各种问题。初次汇总的结果通常是开支超出预算，无论是企业基本开支还是运营开支，都会高于公司预算指标；针对不同的业务需求分配多少资源没有准确的判断标准；财务部门在预算调整的时间过长，且调整效果不甚理想；由于缺乏信息系统的支持，预算编制和差异分析等工作需手工完成，不仅费时费力，还无法及时发现业务运行过程中存在的问题；各部门都极力为自己争取资源，财务部门又与业务部门是平级关系，因此，横向协调也耗费了财务部门大量精力。

市场瞬息万变，通过静态的预算流程无法保证能够准确地预测来年的预算，预算编制的工作量庞大，工作效率不高，预算很难适应内外部条件的变化。同时，大多数企业中都不具备一个统一的数据共享平台，全面预算的数据只能从各个部门调取，缺乏一定的协调工具使得数据协调极为不易。更为关键的是，对预算的控制能力不强，预算执行的事前控制与实际数据的集中缺乏有效的手段，造成企业预算分析与预算调整的能力较差，预算分析耗费时间较长，无法根据实际情况变化及时调整预算。

（二）通过 Excel 解决问题的可能性分析

Excel 拥有强大的数据管理与处理功能，但缺乏协调与管理能力，且无法自动获取预算编制的数据，不能灵活地反映预算数据，因此，Excel 无法真正解决企业全面预算的问题。

全面预算管理需要各部门协调配合，构建一个统一的数据共享平台。由于缺乏有效的协调和管理能力，使用 Excel 难以有效组织企业各部门共同参与预算，控制下属单位的预算，也无法形成一个统一的数据共享平台使各部门共同参与预算。

此外，编制预算的工作量庞大，需要设置大量的计算公式、定义表格，Excel 的公式设置与表格定义都需手工录入，工作负担重。并且，Excel 无法与企业财务系统实现有效整合，不能自动从系统中获取数据，给预算分析造成困难。预算报表模式的控制不强，报

表格式混乱，也无法灵活地反映出预算数据，从而满足管理层的不同需求，只能通过编制多种预算表格的方式实现。并且，缺乏信息系统的支持，使 Excel 无法进行预算及时调整以及滚动预测。

三、全面预算管理的信息化

多维数据的支持、广泛的信息接口以及有效的监控是实施全面预算管理信息化的三个基本要求。

（一）多维数据的支持

全面预算需要多角度、灵活、全面地反映企业的预算数据，以满足企业管理层不同的需求。预算分析与预算编制的本质就是从多个维度描述、分析业务数据与财务数据的过程，只有多维数据分析才能在市场瞬息万变的条件下实现快速分析预算的需求。此外，数据的存储与管理应当以多维度模型实现。

（二）广泛的信息接口

预算编制的实际数据需从财务系统、ERP 系统、人力资源系统等多个系统中抽取，因此，全面预算管理系统必须具备多个信息接口才能有效整合不同系统中的数据。

（三）有效的监控

有效的预算执行需要加强对预算的事前监控与实施监控，以工作流为基础的电子审批能够与预算子系统、核算子系统紧密连接。有效的监控手段能够使企业及时地连接预算的实际执行情况，获取明细的、动态的业务数据与财务数据。

（四）全面预算管理信息化体系

1. 全面预算管理模型

全面预算管理模型要以企业自身实际情况为基础，并能与企业现有系统以及与预算管理系统关系密切的子系统相匹配，以业务流程充足等先进理论和方法作为指导，设计全面预算管理模型。

2. 全面预算编制系统

全面预算编制系统是在全面预算管理模型基础上设置的相对静态的系统，主要负责编制企业来年的预算。预算编制系统的三个主要功能模块是经营预算模块、投资预算模块以及财务预算模块。

3. 全面预算管理控制系统

全面预算管理控制系统的主要功能是预算的控制与管理。预算管理控制系统具有强大的信息处理功能，处理信息的速度快，数据集中程度强，使预算管理工作的重点转移到预测、监控、分析、管理等方面，实现企业信息流、资金流与业务流的统一。

4. 全面预算管理体系负责的专职部门

要充分发挥全面预算管理体系的功能与作用，除了重组企业相关职能部门外，还应建立一个专职部门负责全面预算管理体系的实施与维护，并具有实施全面预算管理制度的权利。

（五）全面预算管理信息化的条件

1. 全面预算管理要符合企业战略的要求，为企业战略的实施提供服务，这是构建全面预算管理体系的基本前提和主要依据。

2. 健全、完善的企业信息化建设是实现全面预算管理信息化的重要前提、技术保障和物质基础。

3. 一定的数据共享平台，能够提供准确的、全面的基础数据和历史资料。

4. 建立预算管理组织机构，并具备一套科学的、行之有效的、具有可操作性的预算管理体系，确保全面预算的贯彻落实与有效实施。

5. 企业管理层从观念上理解、接受全面预算管理信息化的理念，是推动企业实施全面预算管理信息化的重要条件。

第六章 财务会计管理信息化

第一节　账务处理信息化

一、账务处理子系统概述

（一）账务处理子系统的内容

会计的任务是对经济活动进行连续、系统、全面和综合的核算和监督，并在此基础上对经济活动进行分析、预测、决策、控制，以提高经济效益。会计的任务是通过一系列专门的会计方法来实现的，这些方法包括会计核算方法、会计控制方法和会计分析方法等，其中会计核算是最基本的会计方法。会计核算的主要内容包括设置账户、复式记账、填制和审核凭证、登记账簿、成本计算、财产清查、编制会计报表等，这些方法相互配合、密切联系，构成了一套完整的会计核算方法体系。其中前四个方法是整个会计核算工作的基础，因为对每一项经济业务，都是首先根据原始凭证填制记账凭证，经过审核后，将其分别登记到不同的账簿中，为成本核算、财产清查、编制会计报表以及财务分析等提供依据。因而，我们把设置账户、复式记账、填制和审核凭证、登记账簿统称为账务处理。

（二）账务处理子系统的特点

国外所称的总账系统基本相当于我们国家的账务处理系统。尽管国外称之为总账系统，但实际上不仅仅产生总账，也包括产生明细账和日记账，而且要编制所有对外提供的会计报表，所不同的是，国外的总账系统一般不产生数量金额式明细账，也不包括银行对账和往来账辅助管理功能。

与其他会计信息子系统比较，账务处理子系统有以下几个重要特点：

1. 规范性强，一致性好，易于通用化。账务处理子系统的基本原理是复式记账法，这是世界通用的会计记账方法，它包括："有借必有贷，借贷必相等"，资产＝负债+所有者权益，总账余额发生额必须等于下属明细账余额发生额之和等一系列基本处理方法。尽管不同的企事业单位由于业务量不同而选择不同的登记总账的方法，但最终的账簿格式内容都基本相同。正因为如此，无论是国内还是国外，市场上都可见到大量的账务处理系统软件包，各单位在开展会计电算化的工作时，可充分考虑利用这种软件包，经济迅速地建立自己的会计信息系统。

2. 综合性强，在整个会计信息系统中起核心作用。其他会计信息子系统都是局部反映供产销过程中某个经营环节或某类经济业务的，例如：材料核算子系统主要反映供应过程这一经营环节，成本核算子系统主要反映生产活动环节，固定资产子系统主要反映固定资产的使用状况，等等。这些子系统不仅用货币作为计量单位，而且还广泛使用实物数量指标。而账务处理子系统则是以货币作为主要计量单位，综合、全面、系统地反映企业供产销的所有方面，因此，所产生的信息具有很强的综合性和概括性，所编制的会计报表能准确地反映企业全部的财务状况和经营成果，除此之外，账务处理子系统还要接受其他子系统产生的记账凭证据以记账，还要把某些账表的数据传递给其他子系统供其使用，也就是说，账务处理子系统是整个会计信息系统数据交换的桥梁，它把其他子系统有机地结合在一起，形成了完整的会计信息系统。账务处理子系统是整个会计信息系统的核心，可以说账务处理子系统是"纲"，其他会计信息子系统是"目"。

3. 控制要求严格，正确性要求高。由账务处理子系统所产生的报表要提供给政府部门（财政、税收、银行、审计）、投资者和债权人，错误的报表数据会使国家无法统计国民经济指标，银行无法监督企业的货币资金使用，财政税收部门无法保证财政收支的正确性，投资者和债权人无法掌握企业的经营状况，无法做出投资决策。因此，必须保证账务处理子系统的正确性，保证结果的真实性。正确的报表数据来自正确的账簿，正确的账簿来自正确的凭证。因此，必须从记账凭证开始，对各个账务处理环节加以控制，防止有意无意的差错发生。

（三）账务处理子系统的功能

1. 初始化

账务处理子系统通用性较强，既要体现各单位会计核算和账务管理的一般特性，又要能较好地适应具体单位的业务特点。初始化就是在一具体单位应用账务处理子系统进行账务处理之前，根据该单位的业务特点所做的设置工作。因此，账务处理子系统中提供了初始化模块，其主要功能通常包括：设置科目、设置凭证类型、装入初始余额、设置人员权限、设置自动转账等。

（1）设置科目

设置科目的功能是将单位会计核算中使用的科目逐一按要求描述给系统，并将科目设计结果保存在科目文件中。这是实现会计管理的一项基础工作。该模块要提供相应功能，使财会人员可以根据需要设置适合自身业务特点的会计科目体系，并可以方便地增加、插入、修改、删除、查询、打印会计科目。

（2）设置凭证类型

设置凭证类型的功能是实现对凭证类型的管理，并将结果保存在凭证类型文件中。该模块要提供相应功能，使财会人员可以根据需要设置适合自身业务特点的凭证类型。例如：可以设置一种通用的凭证类型，也可以设置收款、付款、转账三类凭证，或设置现收、现付、银收、银付、转账五类凭证。

（3）装入初始余额

装入初始余额的功能是将手工账簿各科目的余额转入计算机中，以保证手工账簿和计算机账簿内容的连续性和继承性，并将初始余额保存在汇总文件中。有两种装入初始余额的方法：第一种方法是直接装入电算化系统开始启用月份的月初余额；第二种方法是装入年初余额和电算化系统启用前当年各月的发生额。该模块要提供相应功能，在所有余额装入后，按照平衡公式"资产=负债+所有者权益"和"总账及其下属明细科目"自动进行试算平衡。通过试算平衡，检验所装余额是否正确无误。

（4）设置人员权限

设置人员权限的功能是实现对财会人员分工的设置和管理，并将人员权限设置结果保存在人员权限文件中。在电算化会计信息系统中，只有财务主管具有最高权限，有权使用设置人员权限功能模块，对系统内每个财会人员进行授权或撤销授权。例如：对会计 A 授权；凭证录入权、记账权、账簿查询权；对会计 B 授权；凭证录入权、凭证修改权。

（5）其他设置

其他设置功能可根据需要进行安排，包括设置部门代码、个人代码、自动转账分录、外币币种和汇率、结算方式、项目信息以及往来客户信息等。

初始化工作完成后，就可以开始进行日常账务处理。

2. 凭证处理

凭证处理模块的功能是完成对凭证的日常处理，通常包括：输入凭证、审核凭证、查询打印凭证、生成自动转账凭证等。

（1）输入凭证

输入凭证的功能是完成日常凭证录入工作，基本过程是：系统将待录入的记账凭证按规定格式显示在屏幕上；财会人员通过键盘输入一张凭证的数据；在录入过程中应允许对当前凭证进行编辑修改；录入完成后进行检查；若录入结果正确，则保存在凭证文件中，等待输入下一张凭证；否则，不予保存，等待财务人员进行修改。

（2）审核凭证

对记账凭证进行审核的目的有两个：一是发现凭证输入过程中无法发现的错误，如借贷反向、借贷金额同增同减等；二是为记账提供一个通过审核的标记，以确保只有通过审核的凭证才能入账。因此，审核模块应提供的功能，就是对录入的记账凭证进行正确性、合法性和有效性审核；对审核无误的凭证作审核通过标记；同时还要提供取消审核功能。通常审核模块都提供两种审核方法：静态屏幕审核法和二次输入审核法。

凭证审核模块具备的控制功能主要是：审核人与制单人不能为同一个人；凭证一经审核通过，在未取消审核之前不能修改和删除；取消审核只能由审核人自己完成。

（3）查询打印凭证

查询打印凭证的功能是对各种凭证包括未审核凭证和已审核凭证进行查询或打印。例如：按日期对凭证汇总后生成凭证汇总表并显示和打印，或者按凭证类型汇总后生成凭证汇总表并显示和打印。

3．记账与结账

记账与结账是账务处理子系统中一个重要的数据处理过程。

（1）记账

记账的功能是根据记账凭证文件或临时凭证文件中已审核的凭证，自动更新账务数据库文件，得到账簿和报表所需的汇总信息和明细信息。在记账过程中要使用多个数据库文件，数据传递关系和加工处理都比较复杂。因此，手工记账是一件费时、费力、易出错的工作。电算化后的计算机记账速度快、效率高，可以有效地避免多种手工记账的易发错误，记账方式也更加灵活，如可以每编制一张凭证后立即记账，也可以一天记一次，一天记数次，或数天记一次。不同的数据处理流程，其记账模块的处理过程也不相同，下面给出一个记账模块的处理过程：检验记账凭证是否平衡；对记账前的所有数据做保护性备份；打开相关文件开始记账；关闭所有文件结束记账。

（2）结账

结账的功能是按要求进行期末转账业务处理、月结和年结，月结时要标记结账月的期末余额，年结时要做年结处理。结账是一种批处理，只允许在结账日使用。结账处理过程如下：

①保持结账前状态，即将结账前的所有数据复制到硬盘备份目录。其目的是当由于断电、误操作等原因造成结账过程中断时，不致引起系统混乱，在计算机系统恢复正常后，账务处理工作子系统也能恢复到记账前的状态，并继续完成记账。

②进行必要的结账前检查。主要检查内容是：上月未结账时，本月不能结账；本月还有未记账的凭证时，本月不能结账。

③进行结账处理。其主要工作是做结账标志，对结账月份不能再输入该月凭证和对该月记账。如果是结12月份的账，则还需生成下年度的空白账簿文件，并结转年度余额。

4. 账表输出与关系服务

（1）账表输出

账表输出的功能是根据企业管理及会计制度的要求，对账务数据库文件进行排序、检索和汇总处理，最后输出所需的账表。账表输出的方式主要有：屏幕显示输出、打印输出和磁盘输出。输出的账表主要有：日记账、明细账、总账、综合查询结果以及对外报表。

日记账、明细账、总账输出是根据财会人员输入的会计科目和日期，自动从汇总文件、历史凭证文件中提取数据，经过加工后输出相应的日记账。

输出账表数据的另一种形式是综合查询。综合查询就是根据会计人员输入的指定条件从相关数据库文件，如汇总文件或临时凭证文件中筛选出符合条件的记录数据。所谓指定条件，可以是单项条件，如日期范围、金额大小、支票号、经手人或审核人姓名等，也可以是组合条件，即各单项条件的组合。

（2）子系统服务

子系统服务的功能主要是修改口令、会计数据备份与恢复、系统维护、获取外部数据等。

修改口令的功能是允许系统的授权使用者更新自己的口令密码，即将系统刚开始运行时由会计主管设置的口令改变为只有自己知道的口令，并定期更改，以防泄密。

会计数据备份与恢复的功能是将存储在计算机硬盘上的数据复制到软盘（或磁带、光盘）上，以备硬盘发生故障造成数据损失时，能及时恢复原有数据。在数据备份时应给出必要的提示，如提示插入软盘、备份数据总字节数、备份所需时间以及备份进程指示等。由于数据恢复将对现有账务环境进行覆盖，所以在恢复数据时要谨慎操作，必要时要设置恢复密码、恢复日期的核对功能。

系统维护的功能是对磁盘空间进行管理，对数据库文件重建索引以及排除故障、消除病毒等。

（四）账务处理子系统与其他会计核算子系统的关系

工资核算子系统根据职工工资数据等，计算职工应发工资、实发工资、计提职工福利基金等，并将工资分配汇总转给有关部门。涉及到银行存款、应付工资、工资基金、职工福利基金、基本生产制造费用、企业管理费等科目的总分类核算，需传送记账凭证给账务处理子系统。

固定资产核算子系统根据固定资产增减、清理报废、盘盈盘亏、大修费用、拆旧等数据自动编制记账凭证，向账务子系统提供固定资产、累计折旧、在建工程和无形资产等科目的总分类核算数据，用以登记总账和明细账。

材料核算子系统根据外购材料的采购、收入凭证和发料凭证，计算材料采购的计划成本、实际成本、材料成本差异和各部门领料的内部转账凭证，并编制有关凭证。涉及总分类核算的科目，如原材料、燃料、备用件、包装物等的记账凭证，需传递送给账务子系统处理。

成本核算子系统处理的数据来自多个子系统，如工资费用来自工资核算子系统，材料费用来自材料核算子系统，固定资产折旧费用来自固定资产核算子系统，成本核算子系统要对这些费用类数据进行归集汇总，并按一定标准分配到各车间、产品上去。同时，涉及这些费用类数据的记账凭证需传递到账务处理子系统登记总账和明细账。

报表子系统的数据大部分来自于账务处理子系统和成本、销售处理子系统。

二、账务处理子系统的设计

（一）账务处理子系统的设计原则

账务处理子系统设计中，一方面要实现其基本功能，满足核算的各种需求，同时，还要考虑到系统的适用性、易用性以及可维护性等其他性能指标。为此，系统设计中应遵循以下原则。

1. 符合国家有关法规和统一会计制度的规定

为规范和加强会计工作，保障会计人员依法行使职权，发挥会计在加强经济管理、提高经济效益中的作用，国家、财政部先后制定了一系列有关会计的法规和规章制度。会计软件的功能、术语以及界面设计等必须满足这些法规和制度的要求，符合其有关规定。

2. 满足各种核算和管理的要求

目前，企事业单位会计业务中，由于规模、管理模式等差异，会计核算的形式、管理要求也有所区别。专用会计核算软件可以只考虑具体单位的实际情况，但如果是通用会计软件，则系统设计中必须考虑到满足不同核算和管理的要求。实际上，随着经济的发展，企事业单位的管理要求不断提高，即使是专用会计核算软件，也应适应核算形式的变化。

（二）账务处理子系统的数据流程设计

根据账务处理的任务分析，可以得到账务处理子系统的数据处理流程，具体包括以下步骤：

1. 在系统日常账务处理之前首先要进行建账工作。建账处理的主要任务是建立初始账户，输入各账户对应的科目编码、科目名称、账户余额等内容。

2. 记账凭证录入后，存放在记账凭证库中，经复核后，记账凭证才允许记账。记账时，明细账、日记账和各专项账根据记账凭证直接登录，总账经科目汇总后记账。在一个会计月份中，可多次记账，下次记账在上次记账结果的基础上进行。记账后，便可立即进行账簿查询、报表打印等工作。原则上一经记账之后，凭证便不得修改。但在报表账簿正式输出（结账）以前，为增加系统灵活性，仍然可以撤销记账，恢复到记账前的状态；在对有关凭证进行修改后，重新记账。只有在月末结账后输出的账簿才是完整有效的。

3. 凭证分录中的现金科目（101）应记入现金日记账中；存款科目（102）应录入银行往来日记账中，以便与银行送来的单据进行对账处理，并输出银行存款余额调节表。

4. 记账后，可以由计算机直接到有关账户中提取数据编制转账凭证，进行自动转账。

5. 最后一次记账后要进行结账。结账时首先应将记账凭证库作后备处理；然后将该数据库清空，以便输入下个会计月份的记账凭证。同时也要对科目数据库、银行对账库、账簿数据库等作相应处理。由于此时上个月的记账凭证已经从记账凭证数据库中清除，所以以后不能再对上个月的记账凭证进行修改；一旦发现上月凭证有错误，只有在当前月中以红字凭证冲销上月的错误凭证。

6. 账务处理子系统可以从其他子系统中读取有关数据进行账务处理；其他子系统也可以从账务处理子系统的各账户数据库中读取数据，进行成本核算、报表编制等处理。

（三）账务处理子系统的业务流程设计

账务处理子系统的基本业务处理过程大概可分成两个阶段：

1. 系统初始化阶段

系统初始化主要包含系统参数设置、科目设置、输入账户余额、输入银行往来账余额、输入客户往来账余额以及科目类型设置等功能。

2. 日常账务处理阶段

在初始化账务系统之后，接着就可以进行日常账务处理了。日常账务处理以会计月份为基本单位。一个会计月份处理完毕（结账之后），接着便可以输入和处理下一个会计月份的记账凭证信息。日常账务处理过程如下：输入和修改记账凭证；凭证复核；科目汇总，记账；月末处理：包括月末转账、试算平衡、对账、结账等处理；打印账簿和报表；银行对账。

在日常账务处理中，凭证复核、凭证记账、结账是三个关键性操作，为了使得系统处理具有较大的灵活性，允许在凭证复核、记账、结账之后，取消复核、取消记账和取消结账；分别恢复到凭证复核、凭证记账之前或者结账之前的状态，但只能由专门的人员进行这些操作。

（四）账务处理子系统的科目编码设计

1. 设计账务处理子系统科目编码

在账务处理子系统中，科目编码是各账户的主关键字，借助于科目编码能够识别各个账户及记账凭证中的各个分录。另外科目编码也是进行账务查询的关键字。因此，必须设计适当的科目编码结构。这里设计科目编码为三个级次，每级长度分别为 3 位、2 位、2 位。

其中一级科目编码长度为三位，与财政部颁布的科目编码完全相同。二级、三级科目编码长度均为两位，可以根据本单位实际情况进行设置。

2. 设计账务处理子系统输入界面

账务处理子系统输入界面有科目信息输入、记账凭证输入等输入界面，其中使用最多的是记账凭证输入界面。记账凭证界面有收、付、转和通用记账凭证等多种格式。考虑到通用性，本系统采用通用的单摘要记账凭证格式。

第二节　往来业务管理信息化

一、销售与应收账款子系统概述

（一）销售与应收账款子系统的内容

企业要持续发展就必须实现利润，而利润的实现就必须通过销售过程，销售过程就是通过提供商品或劳务来取得货币或取得在未来某个特定时间得到货币权利的过程。由于时间上的差异，销售过程通常又可划分成两个过程：一个是商品或服务的转移过程，另一个是货款的回收过程。与此相适应，销售与应收账款子系统一般也可以细分成两个子系统：一个是销售订单处理子系统，另一个则是应收账款处理子系统。前者主要涉及订单的接收、货物的组织与发运以及开票等过程，而后者则主要涉及货款的计算、货款的催收、回款、应收账款分析和客户信息等级评定等过程。不管怎样划分，其目的都是为了对销售过程进行实时的管理与控制。由于企业所属的行业性质不同，以完成销售管理与控制为目的的销售与应收账款子系统的构成方案也会相应有所变化。

（二）销售与应收账款核算子系统的功能需求

进、销、存核算是商业经营管理的主要环节。根据商品进、销、存管理的要求，电算化进、销、存核算与管理软件应具备以下功能：

1. 商品采购业务的核算。根据商业企业业务经营与财务管理方面的要求，设置商品采购，（进货）核算，登记各种进货核算账簿。

2. 商品销售核算。按照国家有关规定，对商品的销售业务进行核算统计，计算经营业绩，同时，计算增值税金。

3. 库存商品的核算。主要包括商品计价成本的认定、销售成本的结转、商品盘盈盘亏的处理等。

4. 向账务软件传递数据，完成商品进、销、存的全面核算与管理。

（三）销售与应收账款核算子系统的特点

根据商业企业对商品进、销、存核算与管理的要求，商业进、销、存核算软件应具备以下特点：

一是核算数据量大；二是税金计算政策性强；三是数据间的计算关系复杂；四是成本计算方法多；五是数据传递关系多等。

（四）进、销、存核算电算化的意义

商业进、销、存核算是商业管理中非常重要的部分，业务量非常繁多，且手工处理易出现差错。因此，实现商业进、销、存核算电算化，使广大财务工作者从繁杂的手工处理中解脱出来，对于准确、高效地进行商业管理具有十分重要的意义。

二、销售与应收账款管理子系统设计

（一）销售与应收账款管理子系统的数据流程设计

销售与应收账款管理子系统具有交易频繁、交易数据量大、实时处理要求较高、必要的控制环节较多、内部控制要求严密，对系统处理的内在可靠性、真实性和准确性要求高，与其他业务子系统联系紧密等特点。这些特点源自销售与应收账款管理业务处理过程的内在特点。

1. 一般的自动处理模型

这里所说的一般的自动处理模型指的是将手工模式下的业务如何移植到计算机环境下自动处理的模型，它基本上可以算是用计算机来模拟手工过程。对该模型的数据流程简要说明如下：

（1）根据客户订单的资料形成销售订单，将销售订单以及与客户签订的订货合同编辑输入形成订货合同文件，并将客户基本资料输入形成客户档案文件，档案文件中的有关数据项待后面流程发生时填列。

（2）装运与出库业务处理不在此子系统处理，放到存货部分处理。

（3）销售业务发生时，根据销售订单以及货运通知单开具销售发票并将其存储到销售发票文件中，对销售发票进行分类统计汇总形成销售日报表（台账）和当期销售汇总表。

（4）将客户到款情况编辑输入并存储在收款凭证文件中。

（5）将其他有关销售费用成本数据输入（必要时可从其他子系统自动传递有关数据）存放在销售成本费用文件中。

（6）对已到款的收款凭证与销售发票进行核销得到有关应收账款、预收账款的信息，将此部分信息写入客户档案文件中。

（7）根据销售合同的签订和执行情况以及销售发票、收款凭证、销售费用成本文件更新订单合同文件。

（8）利用输入以及经过初级处理形成的数据进行统计分析形成各种报表资料，如根据应收账款和预收账款情况以及客户档案分析编制客户情况表，根据销售汇总数据和销售费用成本数据计算编制销售利润表等，此部分属于系统的输出流。在设计时应当给予充分全面的反映。

（9）为了方便起见，对主要的存储文件都使用了文件标号如 F1、F2 等，因此，在其他地方需要使用该文件有关数据时即可用标号表示，如"统计分析并编表"加工，除了使用其他输入流外还必须用到订单合同文件作为必要的输入流，就可以简单用文件标号来标识。

2. 即时销售系统 POS 模型

此模型属于典型的商业销售自动化模型，这种模型所处理的销售形式一般分为持现金即买即付的销售或者持信用卡消费，对于前者基本上不存在应收账款问题，对于后者虽然有时会出现透支消费，但由于其属于银行信用范围，因此风险已经转移到银行部门（除非持伪造卡或用其他非法手段进行消费）。该系统的收银台直接与存货文件发生联系，当一笔交易成交后，系统即时地减少存货数量，当存货低于某一水平时，系统会提示工作人员补充存货。顾客所购物品通过激光扫描仪读入系统，系统自动加计应收款总额，直至将顾客所有的商品扫描完毕即可得出应收款总额。收银员将顾客现金填入确认后立即可打印输出一式两联的销售凭单，将其中一联交给顾客，另一联留在收银机内用于今后内部核对，与此同时，系统自动在销售明细账中增加销售记录。如果顾客用信用卡付款，收银员需要通过在线服务获得授权，当授权得到批准后，收银员填制信用卡凭单并交给顾客签字确认。每一次交班时，领班打开收银机取出现金抽屉与纸带，并放入一只带有一定数额零钱的现金抽屉，交给下一班。取出的现金抽屉与纸带送交财务部，由出纳进行清点核对，核对完毕后，填制核对报告交给收银员作收款凭证，同时将有关数据输入系统更新现金日记账。每日营业结束后，会计人员汇总收款总额和销售总额计入到总账，这就是 POS 的基本业务流程。

（二）销售与应收账款管理子系统的业务流程

企业的销售活动一般是从与客户签订合同开始的。合同签订后或者根据合同收取定金（或预收款）并由计划部门安排生产，待规定交货期按合同结算并开出提货单供客户提货；或者按合同金额收款并开出收款凭证和提货单；如果是采用延期付款方式进行的销售，则需用户开具商业票据或记录客户的有关信息及合同付款期以备日后进行结算。在进行业务处理的同时，根据有关单据登记产品销售收入、销售成本、销售费用、销售税金及附加和应收账款等明细账。必要时根据销售记录编制销售收入汇总表、销售费用汇总表、销售税金及附加汇总表和应收账款账龄分析表等。

（三）销售与应收账款管理子系统的功能模块设计

在确定了系统的功能和数据处理流程后，就可确定系统的功能结构。下面对几个主要模块作一介绍。

1．更新处理模块

本模块主要用于产品结存文件的更新。根据产品入、出库单文件对产品结存文件进行更新。更新时是以产品代码为关键字在产品结存文件中找到相应记录，用入库单上的实收数和出库单上的发出数累加到产品结存文件中的收入数和发出数，并将入、出库单中"更新标志"置"Y"，对入、出库文件重复上述处理，一直将文件中记录处理完为止，即完成了对产品结存文件的更新。

2．计算、结转与分配模块

本模块用于产品销售利润、产品销售税金及附加的计算，及产品销售费用的分配和销售成本等的结转。本子系统结转的转账凭证主要有：

（1）根据销售发票文件编制的转账凭证

借：应收账款。

贷：产品销售收入。

（2）根据销售利润文件中的销售成本编制的转账凭证

借：产品销售成本。

贷：产成品。

（3）根据销售利润文件计算的销售税金及附加编制的转账凭证

借：产品销售税金。

贷：应交税金。

（4）结转利润的转账凭证

①借：产品销售收入。

贷：本年利润。

②借：本年利润。

贷：产品销售成本。

③借：本年利润。

贷：产品销售费用。

④借：本年利润。

贷：产品销售税金及附加。

上述转账凭证文件的结构与账务处理子系统相同。本系统产生的转账凭证转送账务处理子系统和报表子系统，供登账及编表。

3．打印模块

用于打印凭证、明细账、销售利润明细表、销售税金利润汇总表等。

(四) 销售与应收账款子系统的数据库结构设计

1. 销售订单合同文件的数据结构设计

实际上, 文件数据结构设计基本思路说明该文件中的一条记录对应合同的一条订货信息, 因此如果一份合同上签订了几个产品的订货信息, 则必须用多条记录才能将该合同信息完整记录下来, 于是, 这种存储设计方案的弊端就显现出来了: 因重复存储造成存储空间的大量浪费。因此, 如果考虑节约存储空间, 而且所签订的合同上登载的订货产品往往不止一种时, 就应该将该文件进行分解。分解的思路是: 将合同上的共性属性 (即对每种订货产品而言), 比如 "合同编号、合同签订日期、客户编号、合同起始日、合同截止日、甲方签字人、乙方签字人、合同签订地、付款方式、付款条件、付款期限" 等单独设计一存储文件加以存放, 可以在其中加上 "订货品种数、合同总金额" 等附加信息, 将合同上的特性属性 (即对每种订货产品而言), 像 "订货产品、订货数量、订货单价、核定税率" 等属性形成一个合同订货产品文件, 通过合同编号与合同固定属性文件连接。读者可以自己动手设计分解后的两个文件的具体数据结构。

2. 客户档案文件 XY-KHQK. DBF 的数据结构设计

客户档案文件 XY-KHQK. DBF 的数据结构设计说明, 在该文件具体数据结构设计思路中, 客户档案文件类似供应商文件, 一条记录对应一个客户, 主要反映某客户自身特有的属性 (比如 "客户名称" "税务登记号" 等)。该文件通过以客户编号为索引关键字来组织记录。根据该文件可以生成欠款客户信息表、客户应收款汇总表、资金回笼表、催款单等。

3. 往来款的应收/预收明细文件 XY-YSMX. DBF 的数据结构设计

往来款的应收/预收明细文件 XY-YSMX. DBF 的数据结构设计说明, 在该文件具体设计思路中, "应收金额" 与 "预收金额" 分别用来表示应收和预收的具体业务发生额。对于一条记录来说, 要么表示应收业务, 要么表示预收业务。因此 "应收金额" 与 "预收金额" 两个字段在此例中不可能同时都被使用, 只用到其中之一, 这样便造成了数据冗余现象。解决的方法是将这两个字段用另外两个字段来替代, 比如 "应收或预收" 和 "发生金额", 其中前者为字符型字段, 用来表示发生业务的类型, 有两种可能取值: "应收" "预收", 后者则存放具体发生的应收或者预收的金额。表中 "期初额" 是指具体业务发生前的余额值, 至于指的是应收账款还是预收账款的期初余额值要看 "应收金额" 与 "预收金额" 哪个不为空, 不为空者即可说明 "期初额" 是属于此业务的期初余额, 例如

"应收金额"字段不为空，则表示"期初额"字段存放的是该笔应收业务发生前的应收账款余额。表中"摘要""凭证编号"字段完全对应记账凭证中的相关内容。此文件的记录形成来源于销售发票与预收账单核销后的结果，可用来分别表示"销售发票已开出，但货款还未收"和"已预收部分或全部货款，但产品未发出，也未开出发票"等情况。

4. 销售发票文件 XY-XSFP. DBF 的数据结构设计

销售发票文件 XY-XSFP. DBF 的数据结构设计说明，在该文件具体设计思路中"发票号"由机器自动生成，开票日期可以取作业时的实际日期。"合同编号"用于说明该销售业务属于按合同订货的销售，而"客户名称"则完全为了解决那些不签订合同而发生的销售业务所设计的，因为对于按合同订货的销售业务，其"客户名称"完全可以通过"合同编号"查找销售订单合同文件找到对应的"客户编号"，然后通过"客户编号"查找客户档案文件即可得到该客户的一切属性（包括客户名称）。"发票行号"用于表示当一张发票反映多品种的产品销售业务时当前所记录的产品属于发票中登记的第几种产品。读者可能会对"销售金额"字段的设立存在质疑，因为一般来说，"销售数量"与"销售单价"的乘积即为"销售金额"，表中的"销售金额"岂不是多余？我们设计此字段的目的在于：当销售中有优惠或折扣情况时，客户实际需要支付的金额存放在"销售金额"字段中，而"销售单价"与"销售数量"两个字段的乘积表示本来应该支付的金额。根据"产品编号"可以查找产品明细账文件得到其相应的名称等产品其他信息。"处理标志"有四种取值："Li"表示发票虽已输入但未经过任何加工处理，即为一笔应收账款；"2"表示该发票所对应的销售已实现回款，即该发票记录已经过回款处理；"3"表示客户回款与发票金额两者不相一致；"LL"表示该发票反映的是客户提前交来的货款，即预收货款。

第三节　薪资管理信息化

一、工资核算子系统概述

在工资核算电算化工作中，只有了解工资核算的内容和业务处理过程，了解各工资数据的组成及其流向，了解工资核算子系统应具有哪些基本功能模块，才能更好地进行设计或使用，这是实现工资核算电算化的基础。

（一）工资核算的内容

工资，是指以货币形式支付给职工个人的劳动报酬，是企业对职工个人的一种负债，属于企业因使用职工的知识、技能、时间和精力而给予职工的一种补偿。

工资核算的主要任务是：正确计算职工工资，按工资的用途、机构层次进行计提分配并登账；编制出各种工资发放表、汇总表及个人工资条。

为此，工资核算子系统主要包括以下内容：

一是根据单位劳动人事部门提供的职工个人的工资原始数据，计算应付工资、各项扣款、实发工资等。

二是按机构层次和统计口径，汇总、分配、计提各种费用，并实现转账功能。

三是打印各种工资发放表、汇总表及个人工资条，提供多种方式的查询和打印。

（二）工资核算的特点

工资核算是每个单位财会部门最基本的业务之一，它具有以下特点：

一是政策性强。由于工资关系国家、集体和每个职工的利益，所以必须按照国家规定的劳动管理制度如实填报、认真计算。

二是时间性强。工资的发放有较强的时间限制，在保证工资计算结果准确无误的前提下，必须严格按照规定的时间完成计算和发放工作。

三是工资业务处理重复性强，数据量大。工资核算的方法比较固定，每个职工工资的计算方法都是重复同样的处理程序，工资的组成项目也较多，增减金额计算繁琐，若职工人数较多，工资核算子系统的数据计算量就较大，数据抄写量也较大。

正是由于以上这些特点，才使得工资核算这项工作更适合并且容易借助计算机完成，所以工资核算电算化成为计算机在会计工作中应用的首选项目。

（三）工资核算电算化的意义

国家支付给职工个人的工资，是国民收入分配中消费基金的一部分，与每个职工的物质生活利益紧密相关，同时工资又是构成产成品的重要组成部分。因此，认真贯彻国家的劳动工资政策、正确计算和发放工资、控制工资支出，不仅对于发展整个国民经济有着重要意义，而且对于促使企业贯彻按劳分配原则、调动职工生产积极性、不断提高劳动生产率、降低产品成本，也起着重要的作用。

在手工方式下进行工资核算要花费财务人员大量的精力和时间，并且容易出错。电算化后的工资核算子系统大大提高了运算的速度和准确性，减少了手工计算的工作量，减轻了会计人员的工作强度。

通用工资核算功能模块，可灵活设置工资项目和工资表格，具有实用、方便、灵活、功能强和处理效率高等特点。适用于各行政机关、企事业单位的工资管理。

二、工资核算子系统的设计

（一）工资核算子系统的数据流程

1. 工资核算业务分析

工资数据的分析包括分析工资数据的来源和分析工资数据的特点。工资核算工作所涉及的数据来源于人事、车间科室、总务等各个部门。这些数据的特点是：有一部分是反映职工特征的基本数据，如职工编号、职工姓名、职称、参加工作时间以及基本工资、粮食补贴、副食补贴等，这一部分数据相对稳定，变化很小；还有一部分是每月都会变化的数据，如煤气费、水电费、病事假扣款等。根据上述数据的特点，可将各部门提供的工资数据分为两大类：

（1）固定数据

固定数据是反映职工特征的基本数据和那些相对稳定、变化周期长的数据。如职工编号、职工姓名、基本工资、副食补贴等。这些数据可以一次输入多次使用。

（2）变动数据

变动数据是指每月都有可能发生变化的数据，如水电费、病事假扣款等。这些数据每月都需要重新输入，以便正确计算出职工的应发工资、代扣款项及实发工资。

2. 工资核算业务处理流程

为了实现工资核算子系统的电算化，首先要了解手工工资核算的内容和业务处理过程，了解各工资数据的组成及其流向，在此基础上抽象出工资核算的流程图，这是实现工资核算电算化的基础。

3. 电算化条件下的工资核算系统数据流程

电算化工资核算的业务流程与工作内容，要按照手工核算的要求来进行。但是可以把工资表、工资计算单、工资汇总表以及记账凭证等最繁琐、复杂的工作，交由计算机来完成，从而减轻财会人员的负担，提高工作效率，具体包括以下内容：

（1）系统启用第一个月，将所有人员的固定数据和变动数据输入到工资主文件，以后每月使用系统时执行系统初始化，将工资主文件中所有变动数据项清零，再依次输入每个职工的变动数据项，更新工资主文件的内容。

（2）根据工资主文件，计算出每一名职工的应发工资、代扣款项以及实发工资，需要时可打印出工资条或工资表。

（3）根据工资主文件，分别按部门和部门、人员类别进行汇总，产生部门汇总文件和部门、人员类别汇总文件。

（4）根据部门汇总文件，经票面分解处理统计出票面的分解值进而求得各部门的现金提取数，产生票面分解文件，并输出票面张数统计表。

（5）根据部门工资费用分配文件、人员类别汇总文件作费用分配处理，形成并输出工资费用分配表。

（6）根据工资费用分配文件，作自动转账处理，形成转账凭证文件，再传递给账务处理子系统作为登记账簿的依据。

（二）工资核算子系统的初始设置

单位的类型不同、管理方式不同，工资核算和管理的方式也会有所区别，因此通用电算化系统需要将反映具体单位、具体业务特点的部分留待用户进行设置。这些设置主要有：

1. 核算单位的建立

通用工资系统一般都可以处理多套互不相关或相对独立的多个单位和部门的工资业务，每一个单位称为一个核算单位，各套工资数据相对独立，相互间不存在汇总关系。核算单位设置的方法和内容各个软件不完全相同，但以下三个内容通常是必须设置的，它们是：

（1）核算单位编码

核算单位编码是区分各个核算单位数据的标志，它的作用与账务系统中的账套号类似，是设置的关键内容。设置的基本要求是：编码和核算单位必须一一对应，即有一个核算单位就应有一个编码，一个编码只能对应一个核算单位。编码通常使用数字。

（2）启用日期

启用日期是该核算单位数据开始使用的日期，通常是某月的月初。

（3）账务系统的路径

账务系统的路径指的是核算本套工资数据的账务系统所在的盘符和路径。通用工资系统为了对工资数据进行账务处理的方便，一般都可以采用自动转账凭证的形式，将有关工资数据自动地传递到账务系统进行处理。本项设置就是为保证数据正确传递而设置的。

2. 工资项目的定义

由于各个单位工资项目不尽相同，需要用户根据本单位的实际情况定义工资表中的工资项目。工资项目定义的内容主要有：序号或栏目号，项目名称，数据类型和数据长度。定义工资项目时需要注意的是：

（1）工资项目定义的基本作用是定义存放工资数据的数据库文件的库存结构。工资项目定义的先后将决定该项目在数据库中和在工资表、工资单中的位置。定义时应考虑各工资项目的先后顺序。

（2）工资项目中有些项目是所有单位必须的，如部门编码、职工编码、姓名、签名等。这些项目一般工资系统均要求定义为字符型。这些项目的数据类型与程序中设计的处理方式密切相关。为了避免出现混乱，系统一般事先已将这些项目定义好并提供给用户，在使用时一般不应修改这些项目的名称和数据类型，只在必要时修改它们的数据长度即可。

（3）工资项目定义并输入数据后，如要修改、增加或删除这些工资项目时，一般会使已输入的数据丢失或出错。因此，在定义工资项目时应适当考虑一段时期的发展需要，以便保证系统投入使用后保持较长时间的稳定。

（4）在定义各个工资项目的数据宽度时，应以能容纳该项目下可能出现的最大数据的宽度为依据，以免出现数据溢出的错误。

（5）部分工资项目如应发工资、实发工资、个人所得税等项目的数据是由其他项目数据经过计算得出的，因此凡参与计算的工资项目的数据类型必须设置成数字型。

3. 公式设置

工资子系统的计算公式有两类：一类是月工资折算成日工资，以便正确地计算职工病事假扣款；另一类是计算出每一名职工应发、实发、个人收入所得税等工资项目。设置时应注意：

①月工资折算成日工资有两种计算方法：一种是每月按21天计算，另一种是按30天计算。前者意味着星期六、星期日不发工资，因此病事假包含的星期六、星期日也不应扣工资；后者正相反，星期六、星期日发工资，因此病事假包含的星期六、星期日也应扣工资。

②计算有关职工应发、实发、个人收入所得税等工资项目的计算公式一般使用序号，代表对应的工资项目。也有一些软件允许在公式中使用工资项的名称。当在公式中使用工

资项的名称时，工资项的名称必须与工资项目定义中规定的完全一致。

4. 扣零方式设置

采用现金方式发放工资的单位，为了简化发放工作，通常对工资中的尾数进行扣零处理。所谓扣零是将本月工资中的尾数留待下月合并处理。扣零方式各单位有所不同，有的单位将元以下扣零，有的单位将拾元以下扣零。扣零方式设置就是由使用单位确定进行扣零处理的工资数据单位。

5. 操作员管理和操作权限的分配

按照会计内部控制制度的要求，工资系统与其他会计子系统一样提供了操作员管理和操作权限的分配功能。在使用这些功能时应按照不相容职权必须分隔的原则设置每个工作人员的操作权限。由于工资数据的处理与现金的支出密切相关，因此在设置操作人员的工作权限时应该对工资数据的输入和处理及工资单的打印作适当的分隔。

（三）工资核算子系统的功能模块设计

根据工资核算的数据流程图可推导出基本的功能模块，再结合系统初始化、数据查询、系统维护等特殊需要对基本的功能模块结构进行完善，可以形成工资核算子系统的功能模块，具体包括以下内容：

1. 输入设计

由于工资数据分为变动较少的固定工资数据和经常性变动的变动工资数据。因此，在输入设计时应分别由两个不同的模块来实现。固定工资数据的输入一般为初次使用系统时一次性输入，可供以后各月使用。其输入格式以每一名职工的各项数据输入作为一个画面，逐项输入。考虑到工资数据存在一些共同数据项，因此输入的上一职工的有关数据要能够自动复制到下一职工的数据项上，只要稍微修改有区别的数据项就可以成为本职工的固定工资数据，借以提高数据输入速度。固定工资的变动处理大多属于满足一定条件的成批数据处理，如工作时间在 20 年以下的职工工龄工资普增 1 元，输入设计时就要考虑按满足条件自动由系统对固定工资文件进行修改。

变动工资是日常工资管理的重点，每月都需要根据各部门提供的变动工资项目输入。由于各职工的变动工资项目数据不尽相同，所以同样需要以每一名职工作为一个画面，逐项修改输入。对某些共同的变动处理，如某部门职工加班天数、加班工资相同，在输入设计时也要根据给出的条件自动由系统程序对这些数据项目加以修改。

固定工资数据和变动工资数据是工资核算子系统进行加工处理的原始数据，为了保证输入数据的准确性，同样需设计各种检验方法。一般可采用如下几种方法：

（1）设置校验码法

在职工代码后缀以一位符号为校验码。该码按照特定的方法生成，输入职工代码时连同校验码一同输入，系统即可自动判断职工代码是否存在输入错误。

（2）目测校验法

输入计算机各项工资数据的合计额应与手工编制的各项工资数据的合计额相同，一般是每个职工工资数据输入完成后立即进行目测检查。

（3）输入审核校验法

将输入的内容打印处理，交给专门的审核人员审核。审核项目包括：每位职工的应发工资、实发工资、各工资项目的总额、各部门的工资总额以及全体职工的工资总额。这种方法发现差错的能力较强，是一种较为有效的检验方法。

2. 工资处理过程的设计

（1）原始数据输入系统以后，在数据处理前，要求进行数据备份，以防止数据在计算过程中因意外事故的发生而遭到破坏。在程序设计时，应该考虑到这一点。

（2）以职工代码为关键字建立索引，将固定工资文件和变动工资文件关联起来，计算应付工资和实发工资，并将有关计算结果存储于工资文件中。

（3）对工资文件按部门和费用类别汇总和分配，数据存储于工资费用分配文件中，并据此生成工资费用分配汇总表，为成本计算提供数据来源。

（4）对工资文件按部门与职工类别、费用类别、规定工资组成进行汇总，计算工资总额，然后根据规定比例，计算本月应计提的职工福利费，存入职工福利费文件，并据此生成职工福利计提分配表。

以上数据处理的每一过程都是以整个文件的记录作为处理对象，汇总后的数据追加到另一数据文件中，形成新的数据形态，并非对数据文件逐条记录汇总处理，这一处理方式与账表处理过程不同。

3. 输出设计

工资核算子系统的输出形式包括屏幕格式输出、打印输出和磁盘输出以及远程网络传输四种。前两种以前运用得较多，后两种随着企业职工工资改由银行代发而变得越来越流行起来。主要的输出内容有工资结算单、工资结算汇总表、票面分解一览表、工资费用分配汇总表、福利费计提分配表、工资条、工资转账机制凭证。如果由银行代发工资还必须按银行规定的格式设置"工资表磁盘数据库"结构，然后将工资数据库中的有关数据转入工资表磁盘数据库中，生成报送银行的工资磁盘送交到银行。由于篇幅所限，在这里就不对这些输出格式一一描述了。

（四）工资核算子系统的存储模式设计

工资核算子系统应如何合理有效地存放职工工资的基础数据、计算汇总数据以及分配转账数据呢？对于职工工资的基础数据，由于每单位工资核算项目差别很大，并且每种工资项目的变化规律也不尽相同，因此，商品化软件的处理办法是将职工工资项目分为两大类：一类是固定工资项目，如职工项目、职工编号、标准工资等都属于固定工资项目；另一类是变动工资项目，如考勤、产量工时数、奖金、代扣水电费、代缴个人所得税等都属于变动性质的工资项目。两类数据分别用两个文件存放，且每个文件的数据结构可根据用户初始定义的工资项目来自动生成。由于变动工资项目每月都会有所变动，因此对该文件一般还需考虑按月份来设计存储文件，也就是说一年应该有 12 个文件用来存放 12 个月的变动工资项目数据。而作为固定工资项目由于在一定时间范围保持相对稳定，因此，对此类数据的存储一般可设计两个文件：一个存放当前的固定工资项目数据，另一个存放发生变化的固定工资项目数据。

（五）工资核算子系统数据库结构设计

在工资核算子系统中，要设计的主要文件是工资计算文件。该文件为每个职工设一个记录，记录中的字段应包括职工的所有工资项目内容。

在工资核算子系统中应建立工资计算文件、工资汇总文件和工资费用分配文件。

1. 工资计算文件

根据工资数据来源的变化可分别建立以下两个文件：

（1）基本不变数据文件。

基本不变数据文件，其数据内容一般是在初始化时一次性输入，在核算系统执行过程中基本保持不变，只有遇到职工工资项目发生变动或职工调入调出时才可根据变动通知进行修改。

（2）变动数据文件

变动数据文件的数据内容一般在每月进行工资计算时都有所不同，每月进行工资核算时都要按照当月发生的工资项目进行重新采集数据，然后利用当月的变动数据来计算职工工资。

以上两个文件是进行工资核算时的两个主要文件，在进行工资计算时要将两个数据库按照"编号"字段进行连接产生工资计算文件，方可根据核算要求计算出相应的工资数据。

2. 工资汇总文件

工资汇总文件是反映各部门人员的工资汇总数据的一种汇总文件。

3. 工资费用分配文件

工资费用分配库用于存放当月的各种工资费用的分配去向，以便据以编制凭证。工资核算子系统除了应设计上述数据文件外，还应设置部门名称对照库等，读者可根据情况自己分析建立相应数据库。

第四节　出纳管理信息化

一、理论发展

在中国，出纳信息化是不同于会计电算化的全新理念，专家学者们仁者见仁，智者见智，在各种场合，以各种形式表达了他们的观点。如何准确把握其内涵，是会计界一直在探讨的课题。出纳信息化可以说是从会计电算化、会计信息系统概念的基础上派生的。因此，出纳界对于会计信息化概念有不同的理解。

为了审查和确保内部控制制度的有效执行，必须开展对 AIS 和内部控制制度的审计，以最终达到对 AIS（会计信息系统）安全、可靠、有效和高效地运用。会计管理信息化的目标不仅是建立现代化的会计信息系统，而且还包括会计信息系统的内部控制制度，以对上述系统与内部控制制度的审计（不是常规意义上的审计）。利用现代信息技术的手段实现上述目标的目的，旨在保证 AIS（会计信息系统）安全、可靠、有效和高效地运用。这种观点更符合归纳推理的思维逻辑，即先设计会计管理信息化的技术路线或体系层面的内容，然后定位会计管理信息化的内涵。

二、出纳信息化的内容

"出纳信息化"是指将会计信息作为管理信息资源，全面运用以计算机、网络通信为主的信息技术对其进行获取、加工、传输、应用等处理，为企业经营管理、控制决策和经济运行提供充足、实时、全方位的信息。

出纳信息化是信息社会的产物，是未来会计的发展方向。出纳信息化不仅仅是将计算机、网络、通信等先进的信息技术引入会计学科，与传统的会计工作相融合，在业务核算、财务处理等方面发挥作用，它还包含有更深的内容，如会计基本理论信息化、会计实务信息化、会计教育的信息化、会计管理信息化等。

三、出纳信息化的条件

（一）知识经济是出纳信息化产生的外部条件

知识经济是建立在知识和信息的生产、分配和使用基础上的经济。为了生存和发展，企业会计只有顺应时代潮流，运用先进的计算机、网络、电子商务等信息技术，改造传统会计，提高财务信息处理与输出的速度，提高财务信息的质量，才能满足知识经济对财务信息的要求。

（二）企业信息化对出纳的影响是出纳信息化产生的外在动力

企业信息化首推出纳信息化，它是出纳信息化产生的外在动力。这主要表现在以下两方面：其一，会计信息系统是企业管理信息系统中的一个重要子系统，产生了企业70%以上的信息。因而，出纳信息化是企业信息化的核心内容，并在推动企业信息化建设中发挥极其重要的作用。要进行企业信息化建设，必须进行会计信息化建设，不实现会计工作的信息化也就谈不上企业管理的信息化。其二，企业信息化发展要求未来的会计信息系统应具有开放性，能利用网络技术对信息发送与接收，达到内外数据共享，为其他相关的部门、行业提供综合信息服务。但现在的大多数会计信息系统根本无法满足这些要求，因此，为推进企业信息化建设，必须构建信息化会计。

（三）出纳信息失真等现实问题是出纳信息化产生的直接原因

出纳信息失真使国家在规定各项经济政策时缺少真实、可靠的客观依据，使企业内部管理者对资金总量和财务成果表现出来的清偿能力和变现能力缺乏正确认识，使企业的经营行为缺乏针对性和有效性。为解决问题，许多专家把目光投向了会计信息化。

（四）现代信息技术与传统出纳之间的矛盾是出纳信息化产生的内在因素

信息社会里，社会经济环境和信息处理技术等方面发生了巨大变化，这要求会计要对此做出相应的反应，否则将会阻碍社会经济的发展和文明的进步。传统出纳模型是工业社会的产物，是与工业社会的经济环境和手工的信息处理技术相适应的，其处理程序和规则与现代信息技术难以适应和协调，无法满足信息社会对会计核算、管理、决策的要求。

四、出纳信息化的特征

（一）普遍性

出纳的所有领域要全面运用现代信息技术。准确地讲，现阶段出纳信息化赖以存在的还是传统的出纳理论，既没有修正传统的出纳理论体系，更没有构建起适应现代信息技术发展的完善的出纳理论体系。从出纳信息化的要求来看，首先就是现代信息技术在理论、工作、管理、教育诸领域的广泛应用，并形成完整的应用体系。

（二）集成性

出纳信息化将对传统出纳组织和业务处理流程进行重整，以支持"虚拟企业""数据银行"等新的组织形式和管理模式。这一过程的出发点和终结点就是实现信息的集成化。信息集成包括三个层面：一是在会计领域实现信息集成，即实现财务会计和管理会计之间的信息集成，协调和解决会计信息真实性和相关性的矛盾；二是在企业组织内部实现财务和业务的一体化，即集成财务信息和业务息，在两者之间实现无缝连接，使财务信息和业务信息能够做到你中有我，我中有你；三是建立企业组织与外部利害关系人（客户、供应商、银行、税务、财政、审计等）的信息网络，实现企业组织内外信息系统的集成。信息集成的结果是信息共享。企业组织内外与企业组织有关的所有原始数据只要一次输入，就能做到分次利用或多次利用。既减少了数据输入的工作量，又实现了数据的一致性，还保证了数据的共享性。建立在会计信息化基础上的 21 世纪会计信息系统是与企业组织内外信息系统有机整合的、高度数字化、多元化、实时化、个性化、动态化的信息系统，它具有极强的适应力。

（三）动态性

动态性，又名实时性或同步性。出纳信息化在时间上的动态性表现为：首先，出纳数据的采集是动态的。无论是企业组织外部的数据（例如发票、订单），还是企业组织内部的数据（例如入库单、产量记录）。也无论是局域数据还是广域数据，一旦发生，都将存入相应的服务器，并及时送到会计信息系统中等待处理。其次，出纳数据的处理是实时的。在会计信息系统中，出纳数据一经输入系统，就会立即触发相应的处理模块。对数据进行分类、计算、汇总、更新、分析等一系列操作，以保证信息动态地反映企业组织的财务状况和经营成果。最后，会计数据采集和处理的实时化、动态化，使得会计信息的发布、传输和利用能够实时化、动态化，会计信息的使用者也就能够及时地做出管理决策。

（四）渐进性

现代信息技术对出纳模式重构具有主观能动性。但是，这种能动性的体现是一个渐进的过程。具体应分三步走：第一步，以信息技术去适应传统出纳模式，即建立核算型会计信息系统，实现出纳核算的信息化。第二步，现代信息技术与传统出纳模式相互适应。表现为：传统出纳模式为适应现代信息技术而对会计理论、方法做局部的小修小改；扩大所用技术的范围（从计算机到网络）及所用技术的运用范围（从核算到管理），实现出纳管理的信息化。第三步，以现代信息技术去重构传统出纳模式，以形成现代会计信息系统，实现包括出纳核算信息化、出纳管理信息化和出纳决策支持信息化在内的出纳信息化。

传统的会计电算化，实质上并未突破手工会计核算的思想框架。会计电算化与会计信息化虽然都是利用现代科学技术处理会计业务，提高了会计工作的效率和企业财务管理水平，但企业信息化环境下的会计信息化系统与会计电算化系统相比，无论是技术上还是内容上都是一次质的飞跃，两者的内涵大相径庭。

五、出纳信息化与会计电算化的区别

（一）历史背景不同

会计电算化产生于工业社会，随着工业化程度的提高，业务的处理量日渐增大，会计工作的处理方法日渐落后。为了适应企业的发展，加强信息处理力度，采用电子计算机对出纳业务进行处理。出纳信息化则产生于信息社会。在信息社会中，有一个公式："企业的财富＝经营+信息"。可见信息的重要性。信息社会要求社会信息化。企业是社会的细胞，社会信息化必然要求企业信息化，企业信息化必然导致出纳信息化。

（二）目标不同

现行的会计电算化系统是基于手工会计系统发展而来的，其业务流程与手工操作方法基本一致，主要是为了减轻手工操作系统的重复性劳动，提高了效率；而出纳信息化系统是从管理者的角度进行设计的，能实现会计业务的信息化管理，充分发挥会计工作在企业管理和决策中的核心作用。

（三）技术手段不同

现行的电算化系统由于开始设立时的环境束缚，主要是对单功能的计算机设立的，后来的电算化软件也是在此基础上的发展和改善；而出纳信息化系统是在网络环境下进行设计的，其实现的主要手段是计算机网络及现代通信等新的信息技术。

（四）功能范围和会计程序不同

电算化是对手工出纳系统的改进，是在手工的基础上产生的，故其会计程序也模仿手工出纳程序而进行，也是以记账凭证为开始，最后实现用计算机对经济业务进行记账、转账和提供报表等功能；而出纳信息化是适应时代的要求，根据现代信息的及时性、准确性、实时性的特点而产生的，它是从管理的角度进行设计，具有业务核算、出纳信息管理和决策分析等功能，其出纳程序是根据会计目标，按照信息管理原理和信息技术重整会计流程。

（五）信息输入输出的对象不同

电算化系统主要是为财务部门设立的，设计时只考虑了财务部门的需要，由财务部门输入会计信息，输出时也只能由财务部门打印后报送其他机构；而出纳信息化系统是企业业务处理及管理信息系统的组成部分，其大量数据从企业内外其他系统直接获取，输出也是依靠网络由企业内外的各机构、部门根据授权直接在系统中获取。

（六）系统的层次不同

会计电算化属于部门级应用，主要为财务部门的管理与核算提供服务；而会计信息化属于企业级应用，是组成企业信息化的有机部分，除了为财务部门提供服务外，还要为决策支持层、信息管理层和决策层服务。

六、出纳信息化的意义

尽管出纳信息化在中国提出的时间不长，对其本质和内涵还有待进一步研究，但不可否认，随着信息社会的到来，出纳信息化将是一个不可阻挡的必然趋势，出纳信息化对当前的会计无论在理论上还是在实践上都会产生很大的影响。

（一）实现出纳信息化以后，会计信息系统将真正成为企业管理信息系统的一个子系统。企业发生的各项业务，能够自动从企业的内部和外部采集相关的会计核算资料，并汇集与企业的内部会计信息系统进行实时处理。会计将从传统的记账算账的局限中解脱出来，从而更有效地发挥会计的管理控制职能，让企业经营者和信息使用者可随时利用企业的会计信息对企业的未来财务形势做出合理的预测，为企业的管理和发展做出正确的决策。其次，对于会计假设中，特别是传统的会计主体不再是拥有实实在在的资金和厂房的企业，它还将包括一些网上的虚拟公司和网络公司，这些公司为了共同的目标，会在短时间结合在一起，当完成特定的目标后会很快解散，它的持续经营、会计分期和货币计量的基本前提都将会受到冲击。实现会计信息化后，企业网与外界网络实现了互联，会计信息的使用者可以随时获取有关的会计信息。

（二）由于信息技术的全面应用，极大地提高了信息的及时性，信息的预测价值和反馈价值也大大提高，信息的流速也大大加快，有力地促进了经济管理水平的提高。另外通过会计信息系统直接获取相关数据并进行分析，减少了人为的舞弊现象，从而也大大提高了会计信息的可靠性和信息的质量。

（三）当今的会计软件的处理流程基本上还是模拟手工会计的处理流程而设计的。实现会计信息化后，会计不再是孤立的系统，而是一个实时处理、高度自动化的系统，它与其他业务系统和外界连接，可以直接从其他系统读取数据，并进行一系列的加工、处理、存储和传输。会计报告也可以采用电子联报方式进行实时报告，用户可以随时获取有用的会计信息进行决策，提高了工作效率，促进了经济的发展。

21世纪将是一个信息化的社会，当今社会正在向"知识经济"时代迈进，在今天这样一个充满竞争的大环境中，出纳人员不仅要深谙出纳的基本原理，掌握电算化技术，而且还要学习一些组织观念、行为因素、决策过程和通信技术等方面的基本理论。出纳信息化代表了一种全新的出纳思想与观念，是传统的出纳理论和现代信息技术、网络技术等相结合的产物，是现代出纳发展的必然趋势。我们必须抓住机遇，迎接挑战，努力推进中国出纳信息化的发展。

第七章 财务信息化的发展规划

第一节 财务管理与新信息技术

一、财务管理和大数据

(一) 大数据的概念

大数据（Big Data）是指无法在一定时间范围内用常规软件工具进行捕捉、管理和处理的数据集合，是需要新处理模式才能具有更强的决策力、洞察发现力和流程优化能力的海量、高增长率和多样化的信息资产。

(二) 大数据的 4V 特征

数据增长的三个方向的挑战和机遇分别为：量（Volume），即数据多少；速（Velocity），即资料输入、输出的速度；类（Variety），即多样性。在此基础上，IBM 提出大数据的 4V 特征：数量（Volume）、多样性（Variety）、速度（Velocity）和真实性（Veracity）。

数量（Volume）。随着互联网、移动互联网、物联网的发展，每时每刻都在产生着大量的数据，当这些数据能够被利用起来后，其价值是无可限量的。而大量的数据要得到使用，一方面，要解决数据从分散到集中的问题；另一方面，要解决数据的共享安全、道德伦理问题。前者是一个技术问题，而后者是一个社会问题。如果数据失去了安全和道德的约束，衍生出来的社会问题将是一场灾难。相信很多人每天都会接到大量的骚扰电话，这就是数据安全和道德造成的问题。

多样性（Variety）。大数据就像一个不挑食的孩子，你给它什么，它都开心笑纳。这和人类自身的学习认知模式有点相似。想象一下，我们在认识世界的时候，往往是有什么就吸纳什么，数字、图像、声音、视频，无所不及。因此，从这点来看，大数据的多样性，为机器向人类学习提供了很好的技术基础。如果机器的学习仅仅局限于结构化数据，那么相信这样的人工智能孩子即使长大变得聪明，也一定会是一个人格不健全的孩子。

速度（Velocity），姑且把它称为"更快"，这样就比较容易理解了。如果数据处理等上十年八载才有结果，那么很多时候出来的结果已经没有决策意义了。举个简单的例子，淘宝购物时的商品推送就是基于大数据技术进行的，如果运算速度很慢，估计从用户登录进去到离开都还不知道该推送什么商品，大数据就没有了意义。所以，速度快是让大数据产生商业价值非常核心的一点。从这一点来看，可以说云计算给大数据提供了很好的技术支持，当云计算技术得以广泛运用后，算力变得廉价且富足，计算速度变得足够快，这样我们才有条件将大数据技术低成本地运用到更加丰富的业务场景中。

真实性（Veracity），这里特别要注意的是，我们追求真实性，而不是精确性。实际上，真实性的特点和数据质量是匹配的。在我们关注相关性的时候，往往能够得到更加真实的信息。在传统的数据技术中，由于我们对数据的精确性要求过于苛刻，这使得如果没有高质量的数据清洗，产出结果的可用性就将大打折扣。很多时候，我们说垃圾进、垃圾出就是这样的问题所导致的。而大数据技术从降低精确性要求的逆向思维出发，用另一种方式解决了这个问题，通过降低精确性要求，变相提升了数据质量。借用科幻思维，这是一种"降维"策略的实践。

（三）财务对大数据理解的误区

我们先从财务对大数据理解和应用的误区谈起。只有明白正在发生怎样的误读误用才有机会更好地发现新的、有价值的大数据应用场景。

但不得不说，更大的问题在于，大多数企业的财务实际上都尚未开始思考和实践财务大数据，因此根本无从谈起错误。不过，还是有一些勇于第一个吃螃蟹的企业在实践无论对错，总是留下了一些宝贵的经验，能够帮助我们更好地思考提升。

1. 将传统财务分析强行定义为大数据

这一点是最常见的误区。一些企业财务在接触到大数据这个概念后异常兴奋，感觉突然间得到了整个世界的青睐和认可，原来财务的数据分析工作竟然如此重要。一夜之间，各种喜报接踵而至，似乎企业内的财务分析人员全部都成了大数据专家，而我们从事了几十年、数百年的财务分析工作转瞬间成大数据应用的典范。

这是一个典型的"概念炒作型"认知误区的案例。大数据的四个重要特征和传统的财务分析工作显然是不同的，传统的财务分析更多的是在有限的结构化数据基础上基于因果关系的分析。如果把原来在做的工作简单地强行定义为大数据，只能说大家对大数据的理解还是严重不够的。当然，这里也不乏一些企业在进行迎合性的过度炒作。

2. 认为使用 Hadoop 等大数据技术架构就是实现了大数据

与什么都不做，直接翻牌成为大数据模式的企业相比，这里所谈到的情况还是有些进步的。同样受制于对大数据认知的不足，一些企业财务在接收到大数据这个概念后，开始有所动作，但在认知上，他们认为大数据是一个纯粹的技术问题，以为只要使用了大数据的技术架构，将原先的财务数据和业务处理进行技术迁移就实现了大数据。

Hadoop 等技术架构仅仅是工具，它们能够帮助你在找到大数据的应用场景后，更好地实现这些场景，而不是创造场景。

3. 认为靠现有财务管理模式下的数据就可以做大数据

还有一些企业财务对大数据的数据基础估计不足。不少人认为，只要能够把现有的财务数据，比如会计核算数据、预算数据、经营分析数据、管理会计数据充分利用起来就能够实现大数据。

当然，如果财务要走上大数据的道路，这些现有的数据是非常重要的，也应当被优先充分利用起来。但是必须意识到，这些数据基本上还是以结构化数据为主，并且局限在企业内部。如果想充分发挥大数据的优势，获得超出其他企业的竞争优势，就不应当局限于此，而应当充分纳入企业内部的非结构化数据，以及社会化数据，通过更为广义的数据基础来进行财务数据应用，从而实现预期的价值产出。

（四）大数据的财务应用

1. 依靠大数据提升财务的风险管控能力

首先，大数据在风险管控方面相对传统风险管理模式有更高的应用价值，这种价值体现在能够看见传统风险管理模式下所看不见的风险。其实，在金融业务领域，已经有非常广泛的利用大数据进行风险管控的案例。而在财务领域，我们要怎样利用大数据管控风险呢？设置规则来辅助进行直接、精准的风险拦截，这是人工智能更擅长的事情。我们希望利用大数据来实现一些相对模糊但是有控制价值的风险发现，以及能够进行财务风险分级。

在风险发现方面，大数据通过纳入非结构化数据并进行相关性分析，能够发现一些风险事件的可能特征，并根据这些特征进行潜在风险线索的事前预警或事后警示。在这种应用场景下，不需要大数据告诉我们谁一定有问题，只要提示谁可能有问题就足够了。而这种提示本身并不存在必然的因果关系，仅仅是大数据在进行相关性分析后的产物。

另一种应用是各种风险事项的分级。这里的风险事项可能是一份报销单据，也可能是一次信用评价。只要分析对象需要进行风险分别，都可以考虑使用大数据技术来实现。分级后的风险事项能够采用不同程度的应对策略，从而做到高风险事项严格控制，低风险事项低成本应对处理。

2. 依靠大数据提升预算中的预测和资源配置能力

第二个场景是预算管理。对于预算来说，在其管理循环中非常重要的两件事情是根据历史和现状，综合企业自身、行业和竞争对手三个维度，对未来进行预测以及对资源进行有效的投放。而恰恰大数据可以在预测和资源配置这两个方面发挥其自身优势，带来传统预算管理难以实现的应用价值。

（1）是预测的提升。传统的财务预测主要是利用结构化数据，构建预测模型，对未来的财务结果进行预测。而使用大数据技术，预测的数据基础可以扩大到非结构化数据，市场上的新闻、事件、评论等都可以成为预算预测的数据基础。特别是在引入大数据后，预测模型中的假设很可能发生意想不到的变化，这使得预算预测具有更高的可用性。

（2）是资源配置的优化。在传统模式下，编制预算进行资源配置时，很多时候是财务在听业务部门讲故事，资源投向受到讲故事水平的影响。而大数据的出现，能够让财务人员有可能形成一定的判断能力。如基于大数据能够形成相关产品市场热点、竞争对手的动态分析，将这些分析结果与产品部门的故事进行印证，对于是否该继续加大产品投入或者是否该改变产品的设计方向都有可能形成不一样的判断和结论。

3. 依靠大数据提升经营分析的决策支持能力

第三个场景是大数据在经营分析方面的应用。经营分析的核心在于设定目标，进行管理目标的考核，并对考核结果展开深度分析，以帮助业务部门进一步优化经营行为，获得更好的绩效结果。在这样的一个循环中，数据贯穿其中并发挥着重要的价值。

传统的经营分析模式同样面临数据量不足、依赖结构化数据、关注因果关系等问题。大数据技术有助于提高经营分析的决策支持能力。

在传统方式下主要是通过分析自身历史数据、行业数据以及竞争对手数据，再结合自身战略来设定目标的。因此，目标是否合理在很大程度上依赖于参照系数据的可用性。大数据能够帮助企业更好地认清自身情况，更加客观地看清行业情况和竞争态势。特别是后两者，在传统模式下数据依赖于信息获取渠道，而大数据将整个社会、商业环境都转化为企业的竞情分析基础。在这种情况下，目标的设定将更为客观、合理。

而在事后对目标达成情况的解读上，和传统财务模式相比，大数据基于其对相关性而不止于因果关系的挖掘，能够找到更多靠传统财务思维无法解读到的目标结果及相关动因。而针对这些新发现的动因的管理，有可能帮助业务部门获得更加有效的决策建议。

（五）财务实现大数据应用的条件基础

1. 技术的基础

虽然我们再三强调，大数据并不仅仅是技术的事情，但不得不承认，没有技术是万万不行的。虽然 Hadoop 已经确立了其作为大数据生态系统基石的地位，但市场上依然有不少 Hadoop 的竞争者和替代品，一些新的产品热点也在不断涌现。

2. 人力的基础

大数据的应用，在技术背后还增加了对人力的新的需求。一方面，需要更多高端的数据分析师；另一方面，也加大了对基础数据处理人力投入的需求。高端数据分析师既可以通过鼓励现有的财务分析人员提升转型获得，也需要进行有针对性的人才招募。而在基础人力方面，数据工厂被提上议程，基于财务共享服务模式的数据中心可能是解决日常数据管理的核心力量。

大数据和财务的结合将具有承上启下的重要意义，面对过去，能够更好地解决现有财务的挑战；面向未来，能够为人工智能和机器学习奠定基础。

二、财务管理和云计算

在讲到信息化时代改变财务的核心技术的时候，不得不谈到云计算的概念。云计算在信息化技术的体系中就如同电力系统，能够为其他技术的应用提供充足的算力支持。

那么，该如何站在财务的角度去理解云计算呢？实际上造成大家困扰的主要原因在于云计算并不是一个简单的概念，它的存在一直就有多种形态。而市场上很多厂商的产品往往只针对其中一两个领域，所以这些厂商在宣传云计算的时候，往往会站在自身产品的立场，将公众对概念的理解向对自身有利的方向引导。因此，大家看到、听到的云计算总是有些不一样，从而对理解这个概念造成了困扰。

（一）云计算的立体架构

各大厂商对云计算的谈论，概括起来主要包括 SaaS、PaaS、IaaS 这三个概念。

1. 云计算的概念

SaaS 是软件即服务，PaaS 是平台即服务，IaaS 是基础设施即服务。云计算是一种按使用量付费的模式，这种模式提供可用的、便捷的、按需的网络访问，进入可配置的计算资源共享池（资源包括网络、服务器、存储、应用软件、服务），这些资源能够被快速提供，只需投入很少的管理工作，或与服务供应商进行很少的交互。

2. 财务和云计算的关系

云计算的几个概念包括：基础设施即服务（IaaS）、平台即服务（PaaS）、软件即服务（SaaS）、人力资源即服务（HRaaS）。

IaaS、PaaS、SaaS 实际上构成了一个云计算的立体架构。如果抛开其中的任何两个，并不影响剩下的这个概念独立构成云计算。此外，还有另一种基于人员形态的云计算模式，不妨称之为 HRaaS（人力资源即服务）。

（1）IaaS 和财务

如果只使用 IaaS 的云计算模式，那么在前台的财务人员是感受不到的。因为这是一个物理架构的概念，我们可能使用的还是和原先本地部署的软件系统一样的系统服务，只是这些软件系统并不是部署在企业独有的服务器上，而是放在如电信云、阿里云或腾讯云之类的公共基础设施平台上。这种模式可以有效降低企业硬件的投入成本，而由于硬件是一种云集群的模式，在这个集群里的系统算力可以被均衡使用，这就有可能进一步提升系统性能。

（2）PaaS 和财务

如果使用的是 PaaS 模式，财务人员同样感受不到什么，但开发人员就不一样了，他们使用的不再是本地开发工具和公司内部的数据库，而是在一个租用的云端开发平台上。这件事情并不难理解，如果你在阿里云上注册了一个账号，那么就能够看到阿里云中可以付费使用的开发工具，甚至可以部署机器学习的开发环境。这种模式对于规模不大的企业来说，特别是没有资金搭建大型复杂开发环境的公司，使用平台的成本就低多了，而且还能随时使用最新的平台技术。在 PaaS 模式下，开发平台成为即租即用的服务。

（3）SaaS 和财务

与财务人员最密切相关的是 SaaS 模式。"软件即服务"是直译过来的说法，听起来有点复杂。通俗点说，就是财务的应用系统并没有建在企业里，而是放在互联网上的云平台中。用户访问财务系统，就如同访问百度网页一样，从公司内部穿透到互联网上的某个系统里。而特别要注意的是，这个互联网上的财务系统并不是我们独享的，很多企业和我们共用这个财务系统，只是在权限和数据上做了隔离。

（4）HRaaS 和财务

HRaaS，称作人力资源即服务。其实，也可以理解为财务共享服务的意思。云计算有五个特征：资源池、按需自助服务、快速伸缩、广泛的网络访问和按使用量收费。对照这五个特征，共享服务中心把人做成资源池；业务部门提单就是按需自助服务；业务多了加班，少了培训调休，这是快速伸缩；各地分支机构向财务共享服务中心寻求集中服务，这就是广泛的网络访问；最后按件计价，这就是按使用量收费。五个特征统统匹配。因此，不少财务共享服务中心把自己称为云服务中心，从这个意义上理解，还是有一定道理的。

（二）财务实现与云计算的场景融合

对于企业财务来说，要实现云计算在财务中的应用就需要挖掘相关的应用场景。我们可以看到三种场景的应用，包括采用 IaaS 模式构建财务系统架构、使用基于 SaaS 模式的财务应用系统和以 SaaS 或 HRaaS 模式提供对外服务。

1. 财务系统架构于 IaaS 模式

在大型企业中，如果使用本地部署模式来构建信息系统架构，会使得 IT 架构越来越"重"，信息化成本逐年提升，从基础架构到开发、维护，每个环节都有大量的成本投入。对于国内进入世界 500 强的大部分企业来说，每年都会发生高昂的财务信息化开支。而财务本身作为这些系统的重要业务应用者，是这些成本的直接承担者，并最终会通过定价收费或者分摊的方式将这些成本再进一步转嫁给服务对象。而在服务对象对收费越来越敏感的今天，控制成本、降低定价成为很多企业财务共同的压力。

将财务系统架构于 IaaS 模式之上，能够以较低的成本来实现基础架构的部署，能够以"轻" IT 的方式来实现财务信息系统的建设。

2. 使用基于 SaaS 模式的财务应用系统

SaaS 是在云计算中最容易被理解也最常被应用的一种模式，财务人更是 SaaS 模式的直接使用者。在这种模式下，财务并不构建自己企业内的独有财务信息系统，而是选择租用第三方云服务产品。这种第三方产品的提供商需要对财务业务流程有深刻的理解，能够在产品设计时充分考虑到不同企业的差异化需求，并通过灵活的后台管理功能来实现快速配置部署。企业财务选择此类云服务产品的前提是，企业在整体的信息化战略和信息安全评估上能够通过。

3. 财务以 SaaS 或 HRaaS 模式提供对外服务

一些企业的财务会尝试进行对外能力输出。这种能力输出有两种形态。一种形态是将自身的管理经营积累转换为系统产品，并将产品面向社会提供服务输出。在这种情况下，输出方可以考虑采用 SaaS 的方式架构自身的产品，让用户通过租用的方式来使用产品，从而获得输出方所积累的管理经验。

另一种形态是财务共享服务中心对外输出，也可以简单理解为财务外包。在这种情况下，所提供的是基于 HRaaS 模式的对外服务。内地代理记账市场也在向这种模式靠拢，一些看得比较远的代理记账服务商已经在使用共享服务的管理模式，向大量的中小客户提供服务。

但这里需要特别强调的是，云服务产品的开发本身是一个高复杂性和高成本的事项。由于云服务系统需要满足用户的差异化需求，对其产品设计的可配置性和灵活性要求都是极高的。在技术上，要满足大并发的需求，对产品的性能也有较高的要求。同时，云服务产品还需要满足多操作平台、多浏览器兼容的需求，如果涉及移动端，对差异化移动平台的兼容则更加复杂。这些都会带来产品研发的高成本投入。

企业财务在考虑使用云计算提供 SaaS 模式系统服务的时候，需要考虑未来自身规模和发展能力，如果无法在经营上取得很好的投入产出结果，则应当慎重投资云服务产品。

第二节　财务信息化的概念

一、软件架构与财务信息化功能架构

对于财务来说，软件架构这件事情听起来还是有点复杂的，说得通俗一点，就是要搞清楚，一个系统中有哪些构成部分，这些构成部分是怎样相互发生作用的。那么所谓的智能时代的财务信息化架构，就是要搞明白，和传统财务信息化架构相比，多了哪些构成部分，以及各部件之间相互作用的方式发生了怎样的变化。"有什么功能"可以称之为功能架构，功能加上交互关系后形成的架构可以称之为逻辑架构。而在实际的软件架构设计中，还有多个视角的架构理解，如开发架构、运行架构、物理架构、数据架构等。

二、财务信息化功能架构

（一）功能架构中的数据层

首先要说的是智能财务信息化架构下的数据层。和传统财务信息化架构相比，最重要的是数据的内涵发生了变化。在传统架构下，处理的主要是结构化数据；而在引入大数据技术后，结构化数据已经无法满足财务信息系统对数据的需求，非结构化数据被引入，并

且成为非常重要的构成部分。

因此，在功能架构的数据层中，系统对结构化数据和非结构化数据同时提供相应的管理功能，从数据的采集管理、对接管理、存储管理等方面进行相应的功能支持。

（二）功能架构中的信息化引擎层

信息化引擎层是架构中的另一个重要层次。之所以叫作信息化引擎层，是希望在搭建信息化时代财务信息系统架构时，能够对关键的支持技术进行组件化，并以引擎的形式来支持不同业务场景的应用。引擎层是一个公用的技术平台，在不同的应用场景中能够灵活地调用相关引擎来实现配套的业务应用，从而实现整个财务信息化架构底层技术工具的共享。在智能时代的财务信息化架构中，可抽象出的引擎主要包括以下几个方面。

1. 图像信息化识别引擎

图像信息化识别引擎主要用于广泛地进行图片信息的识别，一方面，能够支持对结构化数据的采集；另一方面，也能够支持对非结构化数据的信息提取。同时图像信息化识别引擎可以利用机器学习来提升自身的识别能力，从而扩大可应用的价值和场景。

2. 规则引擎

规则引擎作为初级人工智能应用，会在整个财务信息化中发挥重要的作用。通过灵活、可配置的规则定义，支持在财务流程中基于规则进行大量的判断、审核、分类等应用。规则引擎的完善，一方面，依赖于经验分析后的完善；另一方面，也将基于机器学习引擎来辅助规则完善。

3. 流程引擎

流程引擎无论在哪个时代都十分重要，好的流程引擎能够全面提升财务信息系统的水平。而在信息化时代，流程引擎的驱动仍然是规则引擎，而规则引擎又基于机器学习得以完善优化，并最终带来流程引擎能力的提升。

4. 大数据计算引擎

大数据计算引擎是相对独立的，基于大数据的技术架构，能够处理海量的包括结构化数据和非结构化数据的计算。大数据计算引擎的实现，能够使得财务在大数据方面的应用场景得到真正的技术支持，而不是传统计算模式下的伪大数据。

5. 机器学习引擎

机器学习引擎应当能够实现监督学习和非监督学习，通过大量的不同业务场景的数据学习训练，形成相应的优化规则，并依托规则引擎作用于各种业务场景中。从这个意义上来讲，机器学习引擎有些像规则引擎的后台引擎。

6. 分布式账簿引擎

对于区块链的应用，需要在底层搭建各类分布式账簿，而我们可以考虑通过引擎化的方式，将这种分布式账簿的搭建变得更为标准和可配置。当然，这需要区块链技术实现进一步的抽象从技术概念走向业务简易应用的概念。有了分布式账簿引擎，基于区块链的应用可以得到进一步的加速。

（三）功能架构中的业务应用层

业务应用层是最重要的一个层次。在业务应用层中，我们从财务业务模块和技术两个角度实现了场景功能的匹配，从而形成了相对清晰的智能时代财务信息化应用的功能场景蓝图。它可以成为有意致力于信息化时代技术深度应用的企业的思维导图，并据此展开规划和实践。

1. 共享运营

对于共享运营来说，在信息化方面的应用场景是相对较多的，这也是由其作业运营的特点所决定的。信息技术的进步，本身对运营效率的提升就是最直接的。

共享运营场景与技术匹配。

（1）区块链：信息化合约和信息化核算。

（2）人工信息化：信息化图像识别、信息化审核、信息化风控、信息化清结算。

（3）大数据：运营分析。

（4）移动互联及物联网：财务众包、电子发票。

（5）传统技术：派工调度。

2. 资金/司库管理

在资金管理中与共享流程密切相关的部分已经被归入共享运营中体现，而针对资金管理和司库管理来说，主要的应用在于提升基于大数据对资金和司库管理的分析、决策能力。此外，物联网技术对于账户 Ukey、用印安全管理也将发挥重要的作用。

资金/司库管理场景与技术匹配。

（1）区块链：跨境交易。

（2）人工信息化：信息化资金调度。

（3）大数据：投资管理、风险管理、流动性管理、资产负债管理、资金预测。

（4）移动互联及物联网：账户管理（Ukey 和印章）。

（5）传统技术：融资管理。

3. 会计报告

会计报告对新技术的应用主要集中的区块链对关联交易以及业财一致性的支持上。同时，类似于信息化编辑，这样的场景可以应用于会计报告的信息化。而这个领域，也会引发对未来套装软件是否能够支持信息化应用的思考。

会计报告场景与技术匹配。

（1）区块链：关联交易、统一会计引擎。

（2）人工信息化：信息化报告。

（3）大数据：报表分析。

（4）移动互联及物联网：无。

（5）传统技术：总账、应收、应付等、合并报表。

4. 成本费用管理

成本费用管理在费用分析方面可以考虑与大数据相结合，而在移动互联网方面，可以进行服务与商品采购的前置和线上管理，从而获得更好的管控效果。

成本费用管理场景与技术匹配。

（1）区块链：无。

（2）人工信息化：无。

（3）大数据：费用分析。

（4）移动互联及物联网：移动商旅、电商采购。

（5）传统技术：费用报销、项目管理。

5. 预算管理

预算管理的技术应用主要集中在大数据方面，通过大数据，加强对预算预测和资源配置的管理能力的提升。

预算管理场景与技术匹配。

（1）区块链：无。

（2）人工信息化：无。

（3）大数据：信息化预测、信息化资源配置（预算编制、调整）。

（4）移动互联及物联网：无。

（5）传统技术：预算控制。

6. 管理会计

管理会计本身在技术层面的起步就比较晚，因此它的实现仍然基于传统技术方式。但在管理会计报告的编制中，可以考虑采用信息化编辑模式，盈利分析可以考虑引入广义数据，增强分析的实用性。

管理会计场景与技术匹配。

（1）区块链：无。

（2）人工信息化：信息化管会报告。

（3）大数据：盈利分析。

（4）移动互联及物联网：无。

（5）传统技术：收入分成、成本分摊、作业成本。

7. 经营分析

在经营分析这个领域，大数据能够有较大的应用空间。通过数据范围的扩大、相关性分析的引入，经营分析能力能够得到提升。

营分析场景与技术匹配。

（1）区块链：无。

（2）人工信息化：信息化经营报告。

（3）大数据：经营分析。

（4）移动互联及物联网：经营仪表盘。

（5）传统技术：绩效管理。

信息化时代财务信息化的功能架构是基于场景构建的。这里的是一个概念性的设想，未来需要更多的企业付诸实践，对这个概念架构进行持续的补充和完善。

第三节　财务与科技的信息化相结合

一、来自协同问题的挑战

（一）财务内部信息化协同面临的挑战

阵脚往往是从内部开始乱起的。在智能时代财务信息化建设中，财务部门自身就面临着巨大的协同挑战。下面我们从几个方面来探讨财务内部的协同挑战。

1. 信息化建设在财务部门之间的分散

很多企业的财务信息化建设并没有实现统一集中的管理。在通常情况下，财务信息化建设是各个不同的职能部门从自身的业务需求出发进行的，比如负责会计报告的部门建设了核算系统，负责预算的部门建设了预算编制系统，负责资金管理的部门建设了资金管理系统等。在这样的背景下，系统建设完成后，相关系统的后续运维和优化也保留在了相应的业务部门。从需求和系统建设的关联角度来看，这样的管理模式未必是坏事情，但是当不同部门管理的财务系统要实现整合、集成甚至内部平台化的时候，就会出现问题。部门间系统管理的割裂，成为系统间有效集成的障碍。而在信息化时代，对数据和流程的集成提出了更高的要求，信息化建设在财务部门间的分散将成为掣肘。

2. 信息化认知程度在不同部门之间的差异

信息化时代信息技术的广泛应用，需建立在财务的各个领域对信息化技术达成共识，并且基于这种共识共同推动信息化技术的基础建设上，在此基础上进一步架构不同业务应用场景。而如果财务的各个业务部门之间未达成同等层次的共识，则会造成不同部门在技术路径选择、资源投入等方面产生分歧。当然，分歧的产生并不是一定会阻碍财务向信息化道路的迈进，但必然在这个进程中带来更多的争议和损耗，并最终造成这一进程的放缓。也不排除在极端情况下，因为分歧过于严重，使得整件事情回归原点。

（二）科技部门内部信息化协同面临的挑战

科技部门内部同样存在着信息化协同的问题。如果说财务的问题在于需求割裂和认知层次差异，那么科技所面临的是另一类协同问题。

1. 基于独立而非产品平台的后遗症

首先，受到财务部门需求的影响，科技部门在建设系统时，往往也是根据财务的划分，建立了一个个不同的、独立的系统，在进行集成的时候，不同的系统之间进行数据的交互打通。在这种模式下，科技部门内部往往会为每个系统配备相对独立的项目团队。而由于财务部门本身缺乏统筹，科技部门内部也容易放任各财务系统的项目团队各自发展，并最终造成割裂。在这种情况下，就会产生后遗症。由于每个系统都是各自打地基的，地基之间无法打通，这造成各个系统的风格不同，系统管理方式不同，并导致用户体验差，且系统维护困难。而更严重的是，科技部门各个项目团队之间缺乏技术交流一项新技术在某一系统应用后，其他系统团队毫不知情，更不要说技术共享了，这与信息化时代高频技术革新的需求格格不入。

2. 新技术团队与传统财务科技团队的割裂

其次，不少公司对信息化技术的研发往往并不是从财务开始的，更多的技术是为了满足业务场景而上当的。一些企业在进行了大量业务场景的实践后，做了技术提炼，并构建了信息化技术的各类实验室，如大数据实验室、区块链实验室、人工智能实验室等。而这些实验室在形成通用的技术基础后，又进一步反哺业务场景。在这个循环中，很遗憾的是，作为服务于后台业务的财务科技团队往往成为了局外人。科技部门内部前后台团队的割裂，以及新技术实验室和传统实现团队之间的割裂，都可能让财务无法分享到最新的技术成果。

（三）财务部门与科技部门之间信息化协同面临的挑战

第三个协同挑战来自于财务部门与科技部门之间。财务部门与科技部门之间本身存在着体系级协同的问题，二者是需求和实现的关系，在这个过程中必然容易出现协同的挑战。

1. 需求场景和技术对接渐行渐远

财务部门与科技部门之间对接的关键在于如何把业务需求转换为系统实现的语言。在传统的财务信息化阶段，这一直就是让人纠结的问题。很多企业的财务部门不了解科技部门的思维方式，而科技部门也难以理解财务和会计的语言，导致二者之间的需求转换往往会出现偏离。好在不少企业意识到了这个问题，并设法在二者之间设置了衔接团队，进行业务需求的转换。

但在信息化时代，原本设置的衔接团队会面临更大的挑战。一方面，财务的衔接团队会发现，基于信息技术的需求场景的挖掘更加困难，由于对新技术的理解不够深刻，往往对这些信息技术能够做什么没有吃透，在这种情况下，显然更难以想清楚能够解决怎样的业务问题了；另一方面，科技部门也更容易沉迷于对技术本身的研发，成为"技术控"，反而忽视了对财务应用场景的支持，就技术论技术，难以结合业务实际。这两个方面的问题最终造成需求场景和技术对接渐行渐远。

2. 条状对接和技术平台发生冲突

如果科技部门的组织设置与分散的财务模块相匹配，就会带来科技部门内部的协同问题。而如果仅仅科技部门单方进行努力，将其内部的割裂团队打通，形成技术平台，那么即使有所进步，也还是没有从根本上解决问题，反而会进一步引发新的问题，造成来自财务部门的条状需求和科技部门平台建设之间的冲突。

在科技平台化、财务分散化的模式下，财务信息化建设仍然分散在各个不同的财务部门内，而相关业务需求的提出是以各个财务部门条状向科技部门进行传达的。在这种情况下，已经实现了平台化的科技部门在面对这些时间不一、规划不一、深浅不一的需求时就会面临问题。由于无法进行像之前独立系统团队模式下的自主响应，科技部门内部需要对接收到的需求进行统筹评估，需要向需求方反馈平台的统一规则，并引导需求方去接受平台的约束。这一过程往往也伴随着大量的沟通和冲突。

（四）集团与业务单元之间信息化协同面临的挑战

集团和业务单元之间的信息化协同问题体现在了更高层面上。

1. 标准化和个性化的冲突

对于集团企业来说，如果财务信息化有条件构建在一个相对标准化的架构之上，那么这是一件好事情。在实践中，也有很多企业集团一直致力于实现这样的大集中架构模式。但是对于具有多元化特征的企业集团来说，要做到这一点极其不易。

集团内部的业务单元有其各自的业务发展诉求。特别是对于多元化集团来说，不同业态下的业务单元其个性化诉求尤为强烈。在这种情况下，要在集团层面建设一个相对标准化的平台来满足不同业态的个性化需求，就会造成集团标准化和业务单元个性化诉求之间的冲突。如果一味地满足集团的需求，业务单元的发展就会受到影响；而如果完全满足业务单元的诉求，对集团管控也会带来显著的伤害。如何平衡二者之间的关系构建能够同时解决标准化和个性化诉求的平台成为核心问题。

2. 渐进和突发的冲突

在财务信息化建设的节奏上，对于集团来说，往往希望能够遵循所制订的计划，有条不紊地完成信息化建设。而对于业务单元来说，很多时候信息系统的建设需求存在突发性，往往为了解决业务痛点，需要进行紧急的系统建设。在这种情况下，对于集团来说，渐进的节奏会受到突发情况的冲击，如果无法及时对业务单元进行响应，则会加剧二者之间的冲突。而如果业务单元一味地强调自身的突发性，不考虑整个集团信息化建设的节奏，也会带来问题。渐进和突发的冲突是在集团企业信息化、智能化建设中不得不面对的挑战。

3. 在信息上二者之间穿透和独立的冲突

集团和业务单元之间还面临着信息"穿透"和"独立"诉求的冲突。对于集团管控来说，实现对业务单元的信息穿透是信息系统建设的重要诉求，要做到这一点，大集中的财务信息化建设模式是核心。但对于业务单元来说，保持其信息的独立性或私密性，也往往是其所希望做到的。二者之间的博弈关系一方面取决于集团管控的形态，另一方面也会夹杂着监管要求的影响。特别是对于上市公司来说，信息的独立性就存在监管要求，集团与业务单元在信息"穿透"和"独立"上的分歧或冲突是天然存在的。在刨除监管因素后，信息穿透力度更多的是取决于企业集团在管控模式上对业务单元的控制力度。

二、信息化时代财务信息化协同体系

在信息化时代，我们将面对比在传统财务信息化模式下更加复杂的协同关系和协同挑战。对于我们来说，更加重要的是如何在困难和挑战面前积极应对，并有效地构建一套更加高效的财务信息化协同体系。在这里，我们从四个方面对智能时代财务信息化协同体系提出设想。

（一）财务构建统一的信息化中枢

对于财务组织内部来说，要打破信息化的建设边界。打破边界的方法可以考虑在财务体系中构建统一的信息化中枢，这个信息化中枢可以是实体组织，也可以是虚拟组织。实体组织可以体现为财务信息化团队或部门的形态，如某领先互联网企业内部设有财经 IT 部、某大型国有商业银行有会计信息部这样的组织，这些实体化的专有组织能够在财务体系内部起到统筹协调的作用。而对于没有条件设立统一财务信息化团队的企业来说，可以考虑设立虚拟机构，如设置财务信息化管理委员会之类的跨部门统筹组织。尽管它在力度上弱于实体组织，但也能够起到一定的统筹协调作用，并且在财务信息化架构搭建和重大项目的推进过程中发挥重要作用。

（二）科技面向财务的团队和架构的私人订制

对于科技部门来说，要实现与财务的紧密协同，应当考虑构建面向财务提供服务的专属团队。在这样的专属团队中，应当从组织架构上打破传统按业务模块独立设置团队的模式，构建能够更好地匹配未来的平台化架构，包括专属需求分析团队、架构师团队、公用平台研发团队和场景实现团队面向财务的私人订制。需求分析团队应当能够有效支撑信息技术与财务需求团队的对接；架构师团队能够站在产品化和平台化角度，科学构建财务信息化架构；公用平台研发团队应当能够打通财务各业务模块的底层，对可公用的技术功能进行组件化研发，并实现在不同业务场景中的应用；而场景实现团队则在公用平台的基础上，针对不同的业务场景需求来进行技术实现。通过这样一个平台与客制化相结合的科技团队组织来实现对财务信息化的有力支持。

（三）科技内部市场化实现新技术引入

对于科技内部各类"黑科技实验室"之间的协同，不妨考虑引入市场化机制。由于各类"黑科技实验室"主要的服务对象是企业的业务场景，而对于作为后台的财务场景来说，要想获得大力度的支持并不容易。在这种情况下，引入市场化机制，通过内部交易的形式，向"黑科技实验室"付费购买相关技术支持，能够充分调动"黑科技实验室"协同的积极性，也能够更好地从机制上让财务和业务站在同一条起跑线上。当然，并不是所有企业都有条件去建立内部市场化机制，必要的时候，寻求行政命令资源的支持也是可行之路。

（四）集团推行产品平台并定义自由度

对于集团企业来说，要满足标准化与个性化的平衡，不妨考虑将集团自身视为财务信息化产品的提供商，在集团层面构建基于产品化理念，设计信息化平台。在产品的设计过程中，集团应当充分引入业务单元来进行产品化需求的论证和设计，通过大量的调研形成需求，并最终搭建平台。各个业务单元在实际部署信息化时，集团将其当作一个产品客户，通过进一步的需求调研，引入实施方法论，在产品化平台的基础上进行配置实施和少量且可控的客制化开发。

通过这种模式，集团财务能够搭建一个开放式的财务信息化产品平台，并借助平台实现管理的标准化和自由度的定义。

在财务信息化进程中，财务与科技的协同是一个技术与艺术并存的话题，找到合适的平衡点、实现双赢是财务信息化之路成功的关键。

第四节　加强信息化时代的财务管理人才培养

一、财务管理人才的概念

要知道如何成长，就要先搞明白什么是财务管理人才，财务管理人才也可以称为财务产品经理。其实对于财务来说，产品经理这个概念本身是陌生的，更不要提财务产品经理、信息化财务产品经理了。所以，我们有必要一起来把这个概念先谈清楚。

（一）产品经理的概念

从这个概念上理解，产品经理是随着产品形态的发展而发展的。早期的时候，产品大多数是实体化的，如家里的电视机、洗衣机等都是实体化产品，产品经理则是管理这些实体地产品全生命周期，从概念提出到设计、生产、营销、销售、配送、服务等全过程的角色。而随着社会的发展，产品的形态也在改变，能够解决问题的东西不仅仅是实体，一个好的创意、管理方法也都可以称为产品，产品经理不再局限于"理工男"。而当信息技术、互联网快速发展后，软件产品、互联网产品快速风靡，面向软件和互联网的产品经理成为重要人群。但无论哪一种产品、哪一种产品经理，其本质都是一样的。

优秀的产品经理的价值就在于要做出能够解决问题、让客户满意的好产品。这样的产品经理可能面对下面这些工作。

1. 从各种各样的需求和想法中找到要解决的问题，以及相匹配的产品方向。

2. 为产品做一个长期的布局和规划，知道什么时候该走到哪里。

3. 进行产品设计，参与产品的开发、测试和上线。

4. 参与产品推广方案的设计，用营销思维让客户接受这个产品。

5. 积极进行产品培训和用户支持，得到更多改善产品的反馈。

6. 关注市场动态和竞争对手，随时进行产品规划的调整。

如果能够做到以上这些，那么说明你已经成为一名在当下时代要求中合格的产品经理了。

（二）产品经理和工程师的差别

产品经理和工程师是两个容易混淆的概念，二者之间有一定的交集和相似之处。理解二者的差别，有助于我们更好地认识产品经理的角色和定位。

产品经理的定位是从架构、功能和逻辑层面去设计一个系统，并关注这个系统能够为用户解决怎样的问题，高度关注用户的体验，力求做出让用户用起来舒服、能解决问题的好产品。而对工程师尽管也有类似的要求，但其更侧重于技术研发，而较少关注这些技术可能带来怎样的应用场景。这两种定位在企业内的强弱甚至可以影响组织的文化。对于产品团队来说，产品经理和工程师都是这个团队的构成部分，团队中还会包括设计人员、测试人员、营销人员、项目经理等角色。产品经理往往在大的产品团队中还承担着角色补位的身份，在正常情况下，产品经理和这些角色各司其职，形成良好的协作关系，而在某些角色出现短板的时候，产品经理是这个团队中最合适的补位者，这也是为什么我们说产品经理的工作视野应当覆盖产品全生命周期的原因。

（三）财务产品经理的定位

当理解了产品经理这个概念后，我们再来看一看财务产品经理应该有怎样的定位。

1. 财务产品经理应当是财务组织中的一分子，其核心职能是设计财务信息系统来解决财务工作中各类业务场景所遇到的问题。因此，将财务产品经理设置于财务团队内部能够更好地发现用户的问题，并设计出更有针对性的产品解决方案。

2. 财务产品经理应当将主要精力放在搞明白需求、设计出用户体验卓越的好产品上。同时，充分挖掘工程师们的"黑技术"，把好的技术应用到财务场景中。财务产品经理既不应当越位工程师的角色，也不应当任由工程师团队替代。

3. 我们也要意识到，财务业务人员并不适合在没有经过充分训练的情况下直接成为财务产品经理。财务产品经理是一个复合型人才的角色，其核心能力在于财务知识与技术能力的有机融合。纯粹的业务人员来设计产品会缺少全局观，难以把握架构和流程，并在与工程师的对接过程中出现翻译的偏离。

二、信息化财务产品经理的特质

财务产品经理的出现能够全面提升财务的信息化应用能力，帮助财务部门应用技术手段来解决问题。那么在信息化时代，财务产品经理还需要经过怎样的迭代进化来实现进一步的提升，并应当具备怎样的特质呢？

（一）新技术的敏感性

作为应用技术来解决财务问题的财务产品经理，对技术的敏感性是不可或缺的。特别是在信息化时代，技术快速迭代，对这种能力的要求更为突出。实际上，在传统的财务信息化时代，在相当长的一段时间内，技术的发展还是相对平稳的，从计算机技术的出现到互联网、移动互联，大约二十年的时间，我们可以基于比较轻松的节奏来面对技术变化对财务的影响。至少在今天，有不少企业才刚刚开始落地实践十年前的财务技术手段。

但在过去的两三年和未来的五年中，技术的多变和创新的层出不穷会成为常态。如果还是基于先前的节奏来面对，则很可能错失大量提升财务效能的机会。在职业生涯中不可多得的时代跨越期，每一个财务产品经理都应当具备高度的技术敏感性，把握时代赋予的机会。

（二）新技术的财务场景化能力

对于财务产品经理来说，一旦敏锐地捕捉到新技术的出现，最重要的一件事情就是能否将这些新技术用于解决实际的问题，也就是这里要说到的新技术的财务场景化能力。实际上，业务问题出现的载体是业务场景，空谈一项技术是没有任何意义的。但作为财务产品经理，能够识别出业务部门的痛点，抽象出业务场景，分析出什么样的技术能够解决怎样的场景问题，那么其就是一个高水平的产品经理。

（三）产品化和平台化架构能力

在传统的财务信息化模式下，由于技术变化相对缓慢，高度定制化的信息系统也能够满足不少的用户需求，且保持稳定性。但随着信息化时代的到来，技术的加速革新，缺乏扩展性的定制系统将难以承载业务需求，产品化和平台化成为趋势。

对于财务产品经理来说，产品化和平台化架构能力的形成并不是那么容易的。在传统模式下，只需要就问题解决问题，用西医的方法就足够了；而在产品化和平台化架构下，需要用中医思维来解决问题，能够站在一定的高度上对财务信息化产品中各个功能组件和关联关系进行具有前瞻性的规划，并能够在技术实现上植入充分的可配置性和扩展性。这种能力的形成无论在专业上还是在思维能力上，都对现有的财务产品经理提出了更高的要求。

（四）产品价值挖掘能力

在信息化时代，好的产品经理不能仅仅技术过硬，还需要会讲故事。对于所负责的产品，能够充分挖掘产品的价值，并与产品的相关方达成共识；能够更好地获得资源保障，更好地获取用户的信任并形成更可靠的需求；更好地获得管理层的支持，保障产品设计最终落地。

在通常情况下，信息化时代的财务产品经理应当能够讲清楚产品实现在成本、效率、风险或管控、决策支持、客户体验等方面的价值。通过这一系列的价值共识，把产品推入高速发展的轨道。

三、从财务 IT 成长为信息化财务产品经理

那么，传统的财务信息化团队如何才能成长为未来的信息化财务产品经理呢？传统的财务信息化团队在向信息化财务产品经理的迈进中已经具备了一定的基础，但是仍要在专

业深度、广度和认知创新三个维度上进一步提升，方能够成长为一个合格的信息化财务产品经理。

（一）专业深度的成长

专业深度尤为重要。在信息化时代，如果要成为合格的产品经理，就需要进一步加强技术知识的储备。当然，这种加强并不是要求达到工程师的水平，而是要在现有的运维、需求分析能力的基础上，补充新技术领域的相关知识。要对大数据、云计算、机器学习、区块链、物联网等新的技术概念有所认识，能够理解这些概念的本质逻辑，知道工程师会如何应用这些技术，在应用这些技术时需要有哪些准备或基础能力。这将帮助信息化产品经理更好地把控产品方向，更合理地向工程师提出产品要求。

同时，专业深度还体现在对产品化、平台化架构方面的知识体系的完善上。当然，相关的具体工作将由科技部门的架构师团队来完成，但作为产品经理，需要有能力判断和评价架构师的设计，并有能力参与相关架构设计工作。

在专业深度方面，还需要关注 IT 治理的相关内容，这对于可靠的管理产品从规划到实现，以及后续的稳定运营有很好的帮助。在 IT 治理方面需要关注的内容包括：IT 规划管理、IT 获取与实现管理、IT 服务管理、IT 治理管理、IT 风险管理、信息安全管理、IT 绩效评价，以及灾难恢复和业务持续性管理等内容。

（二）专业广度的成长

专业的广度。对于财务产品经理来说，要打造出信息化时代的财务好产品，就必须能够更加深入地承担起业务场景与信息技术相结合的中间角色。这个中间角色在业务层面要求财务产品经理具有更加广阔的专业视野。

财务产品经理应对财务的各业务领域有广泛的了解，如核算、预算、资金、管会、经营分析、税务、共享等。具备了这些财务专业范围内的广度，能够帮助产品经理实现第一个层次——财务各职能团队与科技之间的对接。

然而，财务产品经理不能仅仅满足于这个层次的专业广度，还需要进一步将视野扩大到各种前台业务中，需要覆盖到公司经营的各类业务系统，并能够对业务与财务端到端的全流程数据流转和系统架构有所掌握。在这种情况下，才能更好地通过信息技术实现业务与财务的一体化。

构建多层次、立体、具备专业广度的知识体系，对财务产品经理从初级向高级成长至关重要。

（三）认知创新的成长

财务产品经理的养成之路还需要认知创新能力的提升。对于产品经理来说，需要更多地去研究和学习创新的工具和方法。创新本身是一门科学，而并非是守株待兔式地等待创意的过程。对于财务产品经理来说，如果要想培养出自身的创新能力，需要积累大量的跨界知识，而不仅仅是财务和科技类的知识。很多时候，创新的灵感来自于貌似不相干的领域的突发刺激，当积累了足够广度的素材后，所谓的各种创新工具和方法才有可能发挥作用。

当然，实践是创新的根源，作为信息化时代的财务产品经理，需要积极地将想法付诸行动，哪怕是推演都能帮助我们加深思考，并在深度思考的过程中获得认知和创新能力的提升。

财务产品经理的形成是一个迭代进化的过程，当明确了信息化财务产品经理是什么、需要怎样的能力和如何培养后，剩下的是需要我们在工作中不断地积跬步、至千里。

 **信息化背景下智能财务创新实践**

第一节　智能时代战略财务创新

一、智能时代战略财务框架详解及智能增强

智能时代战略财务管理的各项工作内容都会受到新技术的影响，包括直接的技术影响，以及智能技术改变整个社会、经济形态后带来的间接影响。

（一）战略与业务

1. 框架详解

战略与业务框架详解，如表 8-1 所示。

表 8-1　战略与业务框架详解

项目	说明
战略解读	能够深度理解公司战略目标，并清晰、准确地解读公司管理层达成的战略共识，预判公司战略将对整个企业带来的影响
财务与战略配合	能够将财务管理与公司战略目标的达成路径相匹配，明确公司战略目标对财务资源的需求及对财务管理的要求，实现财务工作对战略的有效配合与支持
公司资源及计划的管理参与	深度参与到公司经营计划的制订与管理过程中，能够站在财务视角评价业务部门经营计划设置的合理性，使经营计划与财务能力更加匹配
财务资源配置管理	能够根据战略目标的达成路径与经营计划，有效地进行资源配置管理，对资源的投向和投入产出效率、效果进行管理
与业务单元的沟通	能够站在一定的战略高度上展开财务与业务部门的对话，通过充分的沟通建立业财的协同能力

2. 智能增强

智能时代的到来将对企业的经营产生重大影响，各行各业在这个过程中都或多或少会被智能化所改变。或许你所在的企业会成为智能服务的提供商，或者成为智能技术研发的参与者，也可能在当前的业务模式中引入智能化工具，创新商业模式，提升竞争力。无论如何，智能化对企业未来的经营将会产生重要影响。部分公司会在战略层面进行调整，也有一些公司会进行战术层面的适配。

战略财务要能够敏锐地跟上企业战略和经营变化的步伐，主动对公司的战略或战术改变提供支持，而非被动响应。在这场智能化变革中，战略财务的积极参与能够让我们赢得主动，更好地体现财务对公司战略和经营决策支持的价值。被动响应将使财务无法与业务站在同一对话层次上，从而导致业务部门自行构建或弥补战略财务能力的不足。这一现象在信息化时代已经有大量的案例，但愿历史不会重现。

（二）财会控制机制

1. 框架详解

财会控制机制框架详解，如表8-2所示。

表8-2　财会控制机制框架详解

项目	说明
财务与会计制度管理	完善的财务与会计制度体系是企业财会控制机制的基础，企业需要建立多层次的、立体的科学制度体系框架，建立制度发布、修订、废止的完整管理循环和管理机制
内部控制	建立内部控制体系，基于内部控制框架展开相关管理工作，关注控制流程的完整性、控制措施的有效性等问题。从财务视角更多地关注财务组织、制度、流程、信息系统相关领域的内控体系建设
内部审计与稽核	以财务制度及合规要求为依据，采用多种手段获取审计与稽核线索，展开相关的线索调查，发现风险事件或案件，取证形成结论后，并给予相应的纪律处理

2. 智能增强

（1）智能化对财务的影响是全面的。因此，财务的管理模式、流程体系、系统支持方式都会发生一定的改变。作为财务管理的支持保障，财务制度体系也必然受到影响。在制度体系层面，应当结合智能化对财务系统、流程带来的影响进行必要的完善和调整。

（2）内部控制方式会因智能化发生改变。智能技术能够加强内部控制能力，可以在内部控制体系中引入更多的智能化工具，更重要的是因为智能化的到来，内部控制环境会发生重大改变，更多的财务管理工作将基于大数据、人工智能的模式，对这些看不见的流程或财务管理工作如何实施内部控制，将成为新的课题。

而对于内部审计与稽核来说，智能化的影响最直接。在智能时代，人工智能将取代大量的财务操作人力，依靠算法的机器处理将取代依靠人的行为的业务处理，审计的范畴将从传统的审计向算法审计和 IT 审计转变。而在审计和稽核的手段上，基于大数据的远程稽核将成为主流模式。同时，企业依靠大数据监控，能够更早地发现风险线索，由传统审计与事后追责向事前预防转变。

二、元数据和大数据

传统的经营分析是建立在有约束的技术条件之下的，对财务人员的经营分析技术有着较高的要求，而即使信息系统能够提供支撑，在传统的财务信息化环境中，经营分析结果对业务的决策支持能力也始终存在局限性。

（一）经营分析的概念框架

1. 数据基础

对于传统经营分析或者财务分析来说，数据是基础，经营分析人员通过各种渠道获取各种各样的数据来展开分析。如果企业中已经建立了数据仓库和数据集市，那么，恭喜这些经营分析的幸运儿们，在这样的地基上盖房子还是比较靠谱的。而如果数据分散在大量独立的系统中，甚至是各层级、各类人员的 Excel 表中，那么就要小心了，你可能在用沙子打地基，盖起来的房子就可想而知了。

在经营分析体系中，要构建一个好的数据地基需要企业对数据仓库、数据集市有清晰的规划和设计，对数据的定义、标准、来源和采集有清晰的业务逻辑。当然，数据仓库和数据集市都是数据的载体，要想避免数据垃圾的产生，系统本身的数据质量需要有所保障，而这种数据质量的保障能力来自前端业务流程和信息系统的有效搭建与管理。

站在财务的角度，还必须要提到三套数据，它们是经营分析的重要数据基础。一套来自事前，我们称之为"预算"；一套来自发生后的记载，我们称之为"核算"；还有一套来自事后的深加工，我们称之为"管理会计"。将这三套数据与经营分析进行有效对接，对于提升经营分析质量有很大的帮助。

2. 指标体系

在经营分析框架中，指标体系就是房子的砖和瓦。那么，什么是指标呢？指标是一种衡量目标的单位或方法。当我们进行经营分析的时候，会围绕企业经营目标来设定一些衡量标准，通过这些衡量标准能够评价经营结果是否达到了所设定的目标，从而帮助我们进一步提升企业经营管理能力，这就是经营指标。

对于经营指标来说，分为"成果指标"和"绩效指标"。引入"成果指标"的概念，是因为许多评价指标是几个团队输入成果的总和。这些指标在衡量各个团队共同的工作效果时很有用，但不能帮助管理层准确地定位和解决问题，管理层很难准确地查明哪个团队出了成绩，哪个团队未履行职责。而绩效指标能够解决这个问题，并能更加精准地定位问题。例如，一个没有进行多维度切分的利润指标在其看来就是典型的成果指标，并没有反映为利润作出贡献的各个团队的绩效情况。而在实践中，我们似乎很少进行这样的区分，往往笼统地使用关键绩效指标来进行指标体系的搭建。对于一个指标体系来说，可以引入"基础指标"和"衍生指标"的概念。基础指标是难以拆分和细分的指标，而衍生指标则是基础指标的运算组合。使用这样的概念，通过优先搭建和系统化基础指标体系，再扩展衍生指标体系，能够帮助我们快速地搭建一个复杂的指标体系。

3. 报表展示

当构建好经营分析的指标体系之后，就可以搭建房子的主体了，而要使这些指标对经营发生作用，仅仅是盖个毛坯房是不够的，还需要进行精装修。这个装修的过程，我们可以理解为报表构建和展示的过程。好的装修要让业主住得舒服，好的报表展示，要让管理者能够清晰、快速地抓住重点，发现问题和解决问题。

实际上，报表就是将各种指标的不同层级维度交叉组合起来进行应用的产物。因此，在搭建报表体系的时候，我们要先搞清楚业主，也就是经营管理者到底需要看到什么。在明确需求后，选取能够说明问题的指标，并匹配和管理对象相关的维度信息后进行组合展示。此外，在报表的指标组合中，我们还需要经常用到使用说明来解释指标，通过这样的方式搭建报表是靠谱的。

有了报表以后，经营分析报告也就容易出具了。但必须要注意的是，简单罗列报表的报告是初级水平的报告，能够看透数字的表象，深入数字背后分析深层次的问题，才是有附加价值的报告。

4. 维护机制

当我们把整个房子都收拾好了之后，还需要有一个靠谱的物业。经营分析这个房子的管理和维护并不是那么简单、容易的，无论是数据、指标的维护，还是报告的过程和归档管理，都需要有一套相对可靠的机制。

在通常情况下，企业会有经营分析部门，这个部门既有战略的味道，又有财务的意思。因此，在不同公司，这个部门的归属也并不相同，甚至还有不少发生过变迁。而在经营分析部门中，要建立起这样一套维护机制，首先需要有数据维护和管理团队来解决地基的问题，然后需要有指标管理团队来进行指标的日常增删改的维护，还需要有报表团队来进行常规报表和临时报表的编制及发布，最后还需要有绩效管理团队来深入展开经营分析，并进行绩效的考核管理。在整个过程中，无论是组织、人员、流程、制度还是系统都是不可或缺的，这些共同构成了这套体系的维护机制。

当具备了以上这些条件后，经营分析框架就能够构建起来了。实际上，今天很多从事分析工作的朋友尚未在认知上构建起这一套框架体系，这对于提升经营分析和决策支持能力会带来局限和束缚。下面我们还要在这套可以称之为既传统又主流的经营分析框架的基础上，进一步深挖经营分析的本质和未来，即元数据和大数据。

（二）元数据经营分析的本质

从定义上说，元数据可以理解为"数据的数据"。实际上，应用元数据的场景非常多，如图书馆的藏书信息卡、在线视频应用里的视频描述、网络中的网页地址等都可以用元数据来表达。元数据具有以下特点。

1. 元数据是结构化的

如何理解呢？其实在大数据时代，人们都非常热衷于谈论非结构化数据，但忽视了这些非结构化数据在技术层面是怎样被应用起来的。如我们容易理解的，一张图片是非结构化数据，但这张图片是可以被元数据这种结构化数据所描述的，这就给我们借助元数据来理解和应用非结构化数据提供了可能。

2. 元数据是与对象相关的数据

如以一张照片作为对象，那么描述这张照片的元数据与该照片具有相关性，但需要注意，潜在的用户不必先完整地认识对象的存在和特征，也就是说，可以使用盲人摸象的方式，借助元数据慢慢去了解对象。就像一张照片，我们可能第一次获得的元数据是 EXIF 信息，即从摄影的角度获取这张照片的信息，进一步我们可以了解与这张照片内容相关的其他元数据，从而从另一个角度获取照片信息。

此外，元数据不仅能够对信息对象进行描述，还能够描述资源的使用环境、管理、加工、保存、使用等方面的信息。还以照片为例，元数据可以告诉我们这是一张网络图片，存储在什么样的服务器上等信息。

经营分析和元数据是关键。

首先，我们可以看到，构成经营分析的地基是数据，而元数据作为数据的数据，能够用结构化的方法帮助我们描述和标准化基础数据。构建数据仓库过程中的数据字典，从某种意义上讲就是元数据。清晰的数据字典，能够让我们更加有效地管理数据仓库，而从经营分析管理需求的角度来说，我们希望所有进入经营分析体系的数据都能够使用元数据进行充分的结构化描述。

其次，在砖瓦的层次——指标体系上，元数据也发挥着重要作用。如指标的结果最终会反映在数值上，针对这个数值我们用指标名称、编码、指标的维度、维度值等对这个数值（即数据）进行了描述，这种描述就是元数据。因此，我们认识到，指标体系是在经营分析层次中架构在基础数据之上的第二类重要的元数据。

最后，我们再回到经营分析的中心点——经营活动上。我们为什么要做经营分析呢？实际上是要对经营活动展开多种视角的评价，评价的标准是经营活动是否达到了我们在开展经营活动之初所设定的目标，而KPI正是我们多视角评价经营活动的结构化描述，也可以理解为经营活动评价的元数据。

（三）大数据与经营分析

在传统的经营分析模式下，我们需要找到用于评价经营活动的元数据，也就是指标体系与经营结果之间的关系。通常情况下，如果我们看到指标与经营结果具有显著的因果关系，那么就会把这样的指标考虑纳入关键绩效指标（KPI）中来进行管理。但问题在于，这些指标的定义和发现往往是基于经营分析及因果分析所得到的，这种逻辑上的强绑定关系具有一定的局限性。

实际上，影响经营分析结果的不仅仅是存在显著的可见因果关系的因素，还存在相关但无法解释显著因果关系的因素，这在传统模式下是难以解决的。

大数据的出现，让我们有可能打破思维能力的约束。基于大数据技术，我们能够从因果关系突破到相关关系。通过大数据分析，我们能够发现一些没有显著因果关系的因素同样对经营活动产生了显著影响，这些因素被称为"相关性因素"。将这些因素定义为关键绩效指标，能够帮助我们实现提升经营活动成果的目的。

指标用于评价经营活动，同时有非因果关系的因素在影响这些指标，这又构成了第二层次的相关关系。我们发现原先所搭建的经营分析的元数据世界发生了延展，各个层级的元数据都有一些非因果关系，而相关的新元数据的出现，使我们能够更加真实地架构经营分析框架，并有效指导经营结果的改善。

第二节　智能时代专业财务创新

一、智能时代专业财务框架详解及智能增强

专业财务的发展可以说是财务框架几个模块中最成熟的部分，是企业财务管理的基础。也就是说，没有战略财务、业务财务和共享服务都是可以的，但如果没有专业财务将会导致整个财务体系无法运转。当然，成熟的背后也意味着更大的提升空间。下面我们遵循和战略财务框架同样的逻辑，先对框架内容展开详细的解释，然后再对每个模块如何进行智能增强进行探讨和说明。

（一）会计与报告管理

1. 框架详解

会计与报告管理框架详解，如表 8-3 所示。

表 8-3　会计与报告管理框架详解

项目	说明
会计交易处理及相关流程	这是会计的基本职能，能够基于准则要求完成会计交易的核算处理，也就是通常所说的会计核算。对于会计与报告模块来说，更多的是要对会计交易处理设置相关的制度规范，而更为广义和具体的交易处理流程则可以由财务共享服务中心来协同完成
往来管理、关联交易管理	能够对企业内部往来及企业关联交易实施有效的管理。实现往来交易在具体流程中及时、可靠地双向记录，同时及时进行往来清理，发现风险并及时处理和解决；关联交易则需在法人层面建立双边有效的交易记录机制和核对机制。同时，在复杂的集团中，还需要进行关联交易单位的信息管理，辅助业务单位识别交易对手是否为关联交易对象
会计报告与合并	能够有效地编制和报送各级核算单位的会计报表，高效完成合并报表处理，基于单体会计报表及合并报表出具会计报告。建立有序的会计报告与合并的过程管理，持续提升合并及报告效率

项目	说明
会计核算相关系统	能够建立可靠且高性能的会计核算信息系统以支持交易记录、报表编制及会计合并等会计工作。应关注原始交易信息与业务交易记录、明细会计交易记录、汇总会计交易记录记载的一致性。对于关联交易复杂的企业集团，可以考虑构建关联交易系统
信息披露	信息披露主要是指公众公司以招股说明书、上市公告书、定期报告和临时报告等形式，把公司及与公司相关的信息向投资者和社会公众公开披露的行为。信息披露需关注披露质量、披露时效等问题。在通常情况下，信息披露由董事会办公室负责，但财务在其中也起着重要的支持和协同作用
审计流程及管理	能够规范地选择审计师，与审计师共同建立高效的审计流程，协同公司各级财务部门、财务共享服务中心参与审计配合工作，持续提升审计效率，优化审计周期

2. 智能增强

会计与报告在传统的会计电算化、财务信息化过程中一直是重要的建设领域。在早期，财务的各项信息化工作也都是从这个领域开展的。但是由于多数企业在一开始就建立了核算系统，而且成为后续建设的各类财务系统的对接对象，会计核算系统往往在建成后很长时间难以发生质变，这不仅是个体企业的情况，也是整个行业的情况。

智能时代的到来，对各类财务信息系统都提出了改变的要求，同样对会计与报告管理领域有影响，给这个传统领域的信息化提升带来了契机。

首先，业财系统的高度集成将对会计交易处理的自动化和一致性带来重要帮助，但是不同的业务系统分别进行会计规则的转换将带来较大的管理复杂性。统一会计引擎的出现，能够帮助我们将会计规则的转换架构在一套灵活、可配置的系统组件之上。不同业务系统的输入将可以基于统一平台，完成规则转换和凭证制证，进一步提升会计交易处理的可靠性。

其次，基于机器学习技术，能够考虑实现智能报告。将会计报告交给人工智能来处理并非不可能，现在的人工智能写出的市场研究报告，已经让人难以区分背后是资深研究员还是机器。基于相对结构化的报告范式，再加上人工智能基于市场反应的润色学习，智能报告或许对股价的提升会越来越有帮助。而区块链技术基于分布式账簿所带来的高可靠性，能够帮助我们解决传统业财对接模式下的业务交易记录与会计记录不一致的问题。同时，对于内部往来和关联交易，区块链技术同样能够发挥作用。基于各交易方所构建的分布式账簿，能够将交易同时在交易各方实现记载，降低其被篡改的可能性，这对解决内部往来和关联交易的核对、加强一致性有着重要作用。

（二）税务管理

1. 框架详解

税务管理框架详解，如表 8-4 所示。

表 8-4　税务管理框架详解

项目	说明
税务政策研究	能够及时地跟进税务政策的动态，清晰准确地解读政策，并根据税务政策的变化及时在企业内部作出相应的政策反应。针对潜在的税务政策风险，能够及早进行监管沟通和防范处理
税务关系管理	能够与税务监管部门建立有效的沟通和对话机制，在合法、合规的基础上，与税务部门维持良好的关系，并在发生企业重大涉税事项后，能够获得相对公平的沟通和协商机会
税务检查配合与风险防范	能够在合理尺度下有效配合税务部门的各项检查，及时汇总各级机构的检查动态，做好检查前的准备工作，积极进行自我税务风险排查，实现税务风险的事先管理
税务数据管理	能够有效管理企业中的各类系统化及非系统化的税务数据，建立清晰的数据管理体系，并充分利用税务数据展开各种税务分析。对税务数据的有效利用能够帮助企业优化税务成本，提前发现和管控税务风险
税务系统管理	能够实现税种系统覆盖的全面，如增值税、所得税、印花税等；功能的全面，应涵盖所得税纳税调整、税务报表编制、预缴申报、折旧摊销、资产损失处理、境外所得税抵免管理等功能；管理的全面，如能够支持税务分析、税务风险管理、税费预测、税务检查支持、税务政策管理等需求；接口的全面，如能够打通企业内部系统之间的接口，实现和监管系统的对接行业的全面，能够适配不同行业的特殊的管理需求
营改增及电子发票/特定时期的特殊事项	针对特定时期所发生的税务管理的特殊事项，能够及时、有效地应对，如曾经的营改增和正在进行的电子发票等对税务管理都会带来重大影响，企业需要能够提前设计方案并安排系统配套支持等各项工作

2. 智能增强

对于税务管理的智能化支持来说，监管单位——税务部门更早地采取了行动，"金税三期""千户计划"的背后都是大数据的影子。对于税务部门来说，其数据具有先天的不对称优势，使其有条件先于企业展开税务的大数据应用。而基于企业间的数据分析，也使税务稽查能力得到了大幅提升。在大数据应用上，税务部门也在试图从其可控的税务数据以外获得更为广泛的社会数据，并应用在税务监管中。

对于企业来说，需要借鉴监管部门的管理思路，基于企业自身的数据，以及可获取的社会化数据，在一定程度内对企业内部应用大数据开展税务风险的预先排查。当然，受到数据基础的限制，企业与监管部门相比可能会有所不足。

实际上，与监管部门之间发票数据的对接、电子发票的应用，对于提升企业内部基于流程的报账处理、操作风险管理都可能更具价值。例如，增值税专用发票及普通发票数据的对接能够帮助企业简化发票真伪查验、发票认证的流程，对电子发票的应用能够大大降低企业的开票成本，也方便了进项报销的处理。

二、智能风控

对于专业财务来说，业务人员舞弊和渗漏风险管理一直是重中之重。然而，在传统的财务管理模式下，想要做到这一点在客观上存在较大难度。一方面，渗漏和发现渗漏就如同一场猫捉老鼠的游戏，总是不得不面对财务与业务的各种博弈升级；另一方面，要想做好这件事情，财务在反渗漏的斗争中不得不消耗大量的人力和精力。

好在随着智能时代的到来，在财务反渗漏这件事情上有了新的转机。依托智能技术，我们有可能在与渗漏行为的博弈中占据更加主动的位置，同时能够让算力从一定程度上替代人力，智能风控让我们能更容易地抓住财务渗漏的尾巴。

（一）何为财务渗漏

对于财务来说，在面对风险时有两种典型的情况。

一种情况是在复杂的财务流程中存在大量的财务运营工作，这些工作本身容易发生因为工作疏忽或者技能熟练度不足所导致的各种各样的差错。对于这些差错来说，我们并不把它们理解为一种渗漏行为，而更多地定位为财务的质量问题。

另一种情况是这里要说的财务渗漏，也可以理解为公司员工出现道德问题，从而发生的舞弊欺诈事件，这些事件会直接或间接地造成公司的财务损失。由于这种行为往往隐藏在大量的常规业务中，如员工的费用报销、零星采购等，如同一个容器出现了破损，漏下了沙子，故被称为财务渗漏行为。

对于财务渗漏来说，最典型的关键词是"虚构"，那么我们会面临哪些虚构事项呢？

1. 虚构经济事实

这种情况是财务渗漏事件中性质最恶劣的，可以用"无中生有"来形容。涉案者往往是在没有任何真实业务支撑的情况下，凭空捏造一个经济事实。做得比较高明的，往往还会编造一套看起来相对靠谱的逻辑证据链，通过这样的虚构从公司套取资金。当然，套取资金后，某些有良心的人会用这些资金形成小金库，用于特殊用途或员工的补充福利，而另一些人则直接装入自己的腰包。

2. 虚构原始凭证

相对于完全虚构事实，虚构原始凭证的情况要稍微好些。有些时候，确实是发生了实际的费用支出，并且员工也自行垫付了资金，但由于发票遗失或者忘记事前审批等其他情况，能够支持其正常报销的原始凭证缺失，这个时候为了完成报销，员工有可能虚构原始凭证，比如购买发票、伪造审批签报等。尽管从动机上讲，虚构原始凭证比完全虚构经济事实少了那么一点儿恶劣性，但仍然是我们所认为的财务渗漏行为。

3. 虚构业务金额

还存在一些混搭性质的情况，并且也比较隐蔽，我们姑且称之为虚构业务金额。这种情况往往会存在一个基础的经济事实，也就是说确实有经济开支发生了。比如，员工确实出差了，但是在实际报销的时候员工把住宿金额放大，将住了 5 天改成 10 天，把每天 500 元变成每天 1000 元，这样在一件存在事实基础的事情上虚构了业务金额。这种混搭式的行为也是我们理解的财务渗漏行为。

（二）进化中的财务渗漏

我们把渗漏的发展分为基础进化、惯性进化、关联进化和突变进化四个阶段。

1. 基础进化阶段

在财务渗漏的最原始阶段，业务人员的渗漏行为往往是偶然的。比如，在一次报销中错误地填写了信息，而财务人员并没有发现，这种偶发的渗漏行为就如同取款时取款机吐出了一堆并不属于我们的钞票，然后我们把这些钞票放进了自己的腰包。这个阶段我们可以称为财务渗漏的基础进化阶段。

2. 惯性进化阶段

当给了可以犯错误的机会后，总有一些人会把这种偶然行为转化为一种惯性行为。有少部分人会尝试利用财务控制中的一些漏洞习惯性地占一些小便宜，甚至慢慢演变成主观故意的恶劣欺诈行为，但这种行为还是被控制在个体单位内。这个阶段我们不妨称为财务渗漏的惯性进化阶段。

3. 关联进化阶段

再往后，贪婪是很容易被放大的，由于个体渗漏的成功率是建立在后续控制环节失效的基础上的，很多时候并不那么容易成功。把最重要的控制环节——主管领导，纳入自己的渗漏计划里往往能够迅速获得更多的成功机会。由于业务真实性的控制已经失效，只要后续能够伪造证据，就很容易完成渗漏。这种现象放大了渗漏的频率，我们不妨称这个阶段为财务渗漏的关联进化阶段。

4. 突变进化阶段

关联进化阶段的渗漏还是有一定的限制的，毕竟要想获取各种支持证据并不容易，虽然渗漏频率增加了，但尚未造成金额的放大。但如同生物的进化，总有一些个体会发生基因突变，形成具有显著差异的物种。在渗漏的进化之路上，有那么一些不满足于当前阶段的渗漏者扩大了他们的小圈子，通过将支持财务开支的证据链条上更多的环节纳入渗漏俱乐部，实现了端到端的渗漏能力，不求高频，只求金额大。我们将这个阶段称为财务渗漏的突变进化阶段。

第三节　智能时代业务财务创新

一、智能时代业务财务框架详解及智能增强

业务财务的提出为国内财务管理水平的提升注入了强大的活力，也是传统财务向新型财务转变的重要一步。业务财务的核心理念是希望财务队伍能够从自己的专业领域走出去，成为业务部门的合作伙伴，能够站在业务的视角及业务与财务专业的交集区域，开展财务管理活动。

但是长期以来，业务财务的概念并没有相对标准的细分定义，导致每个公司对这个概念的理解或多或少都有一些差异，从而在实务中对于如何设置业务财务队伍、如何发挥这支队伍的价值等都产生了一定的困扰。下面我们从业务财务的不同角度来解析，看看业务财务在不同领域都可以做些什么，以及在智能时代能够获得怎样的技术支持。

（一）产品财务管理

1. 框架详解

产品财务管理框架详解，如表 8-5 所示。

表 8-5　产品财务管理框架详解

项目	说明
产品研发财务管理	能够针对各个重要的产品线，组建研发财务管理队伍。能够在产品研发的过程中对研发成本进行深入的管理，从财务视角对研发效能的提升、研发过程中的物料、费用、人力等成本的精细化管理进行积极主动的管理干预
产品周转管理	能够从产品全生命周期视角，提供对产品周转情况的财务分析和主动管理支持。能够基于产品维度，对材料采购、库存、应收管理等全过程展开产品周转管理
产品质量成本管理	能够推动产品线建立质量成本管理和评价体系，提高质量成本管理的意识。能够从产品预防成本、鉴别成本、内部故障成本、外部故障成本等方面，展开主动的质量成本分析和管理动作。能够协同专业财务职能，建立质量成本核算体系。能够在事前展开质量成本规划评价。事中进行质量成本管理控制，事后进行质量成本在不同细分产品中的评价分析，并在考核中加以应用
产品最佳财务实践管理	能够在不同产品线中发掘产品财务管理的最佳实践，将最佳实践总结为案例，并形成方法、工具、模板。通过培训、案例、报告、经验推广等有效形式，从全流程的角度揭示问题、预警风险，获得产品线对财务管理的有效反馈，并从财务视角积极推动各个产品线改进落实，实现各产品线财务管理能力的全面提升

能够积极主动地参与到产品前期规划和投资阶段中，从产品设计成本管理的角度对产品规划提出财务视角的专业意见。能够对产品的投资预算、投资回报、成本策略、目标设定、利润预测、产品组合投资策略等展开专业分析。积极参与产品经营分析会议，从产品线全生命周期视角为管理层提供决策支持。

2. 智能增强

在产品财务管理方面，单纯从财务的角度来说，能够实现智能增强的范围是有限的。

在产品规划和投资方面，基于今天的信息条件，更为广泛的数据和信息获取能够帮助我们更加有效地模拟预测产品未来的经营情况。

在产品最佳财务实践的推广方面，可以尝试着使用一些新的技术手段来提高培训的效率和增强培训的效果。在传统模式下，通常需要通过开发课程、面授推广的方式来传播最佳实践。而在今天，我们可以考虑采用更丰富的形式，如网络直播、碎片化学习等，借鉴新的学习模式的优点。

物联网的发展使我们能够更好地跟踪实体化产品的市场投放数据，通过经营分析获得如产品的使用情况、用户的反馈情况等更有价值的数据。

相比财务本身来说，业务财务更需要关注的是企业产品本身在智能化领域的发展。对于产品财务经理来说，需要能够紧跟智能时代的新技术与企业自身产品的结合情况，能够对涉及智能技术的新产品实现优化资源配置判断，能够应用智能技术建立新的产品规划和投资的财务评价模型，实现和传统产品评价同样的标准，甚至更好的评价能力，而不是在智能时代完全无法理解业务部门的战略、规划和行动，财务需要成为业务的伙伴，而非拖累。

（二）营销财务管理

1. 框架详解

营销财务管理框架详解，如表8-6所示。

表8-6　营销财务管理框架详解

项目	说明
商务合同财务管理	能够提供商务合同准备和签订过程中的财务管理支持，帮助业务团队基于商务资源投入进行快速的合同成本评估，帮助业务部门建立合同报价模型，评估不同商务合同设计对财务指标的影响，帮助业务部门进行商务合同决策
营销及销售费用管理	能够对营销及销售环节的费用投入展开有效的预算、执行控制、分析等财务管理行为。能够针对营销或销售活动，以类项目方式设定资源投入的目标，并基于目标进行资源投放的过程管控，帮助业务部门提升营销及销售费用的使用效率
客户信用及风险管理	能够建立起完善的客户信用及风险管理制度体系，主动进行客户资信调查建立客户信用评价模型，帮助业务部门进行客户筛选、信用政策制定、合同保障、账务跟踪、催收管理、危机处理等，为信用管理全生命周期提供财务支持
竞争对手财务及经营信息管理	能够帮助业务部门建立起财务竞争情报的分析能力，获得与企业销售市场相关的财务及经营指标数据，获得企业主要竞争对手的财务及经营指标数据，建立起竞争情报支持系统、经营舆情系统

2. 智能增强

大数据技术是营销财务管理的重要助力，能够在营销及销售费用管理、客户信用及风险管理、竞争对手分析等领域发挥重要作用。

（1）在营销及销售费用管理方面，重点关注的是销售资源投放和效果达成的关系，如果能够管理好每一笔销售费用的投入产出，那么销售费用的投入就能得到很好的财务回报。在这一方面，我们可以充分利用大数据在相关性分析方面的优势，基于大量的企业内部历史销售费用投放的数据，以及市场上与企业销售活动相关的各方面的反应数据，获得销售费用投放方案与市场反应之间的相关性分析结果，从而将优质资源向市场反应积极的销售活动方案倾斜。

（2）在客户信用和风险管理方面，能够依托大数据技术更广泛地获取与客户相关的社会化数据，不再简单地依赖于客户公布的财务报告信息，而是将客户在社会化活动中所形成的广泛的数据纳入监控范围，基于广泛的客户行为信息、舆情信息，更及时、准确地评价客户信用，建立多视角、全方位的客户信用评价模型。

（3）在竞争对手分析方面，大数据能够帮助企业建立更加及时、有效的舆情监控系统。基于网络新闻、微信、微博等多种社会化媒体，新的舆情监控系统可以从文字、图片、语言、视频等获得全方位的信息输入，从而更早地发现市场和竞争对手的重要动态，帮助企业及早决策应对。

二、智能核算：支撑业财高度融合的统一会计引擎

（一）会计引擎的基本原理

简单地理解，会计引擎可以看作是将业务系统语言转换为财务语言的翻译器。对于一个翻译器来说，如果要让它运转起来，首先要能够实现语言的输入，然后基于所输入的语言，通过一系列的语法分析及规则转换，将其形成新的语言再输出。当然，这里所讲的翻译是基于文本信息的，如果是基于语言的处理，那么最大的难点将转变为在输入环节如何让计算机能够听懂且理解人类的语言，并将这些语音信息转换为文字。

我们可以参考类似的方式，用会计引擎来解决问题。首先，需要从各业务系统中获取业务系统数据的输入。在这个过程中，我们必须意识到，会计凭证是企业各类经济活动结果的反映。在这种情况下，能够支撑进行财务语言转换的前端业务系统的涉及面也必然是广泛的。当建立了业务系统与会计引擎之间的数据接口后，就形成了类似于翻译器的语言输入过程。接下来，要做的事情是语言的转换。对于会计引擎来说，需要建立一套类似于

翻译器中词汇映射和语法映射的规则转换机制。也就是说，要建立业务数据向会计凭证转换的系统规则。

当然，这里有一点和翻译器是不一样的。对于翻译器来说，不管输入什么，都需要被动地接收，并转换为另一种语言进行输出。而对于会计引擎来说，首先是基于会计凭证的数据构成规范来判定需要什么输入，对形成会计凭证无用的数据，根本就不会考虑作为输入。在这种情况下，业务系统根据会计凭证的数据需求提供数据输入，经过预先设定的业务语言向会计语言转换的规则处理后，形成"准凭证"。

所谓的"准凭证"是会计引擎处理后所形成的预制凭证，由于还没有进入总账系统，故被称为"准凭证"。准凭证进入核算系统后，形成正式的会计凭证，最终完成语言输出的过程。

（二）统一会计引擎

统一会计引擎和传统会计引擎相比，核心就在于"统一"两个字。多数会计引擎都搭建在其他财务或业务系统中，以一个模块的形式存在；稍微好一些的，也就是在专业系统中圈下一块地盘，形成一个相对独立的子系统。而这里所说的统一会计引擎则是希望能够打破其寄生系统的束缚，从各个系统中独立出来，形成一个专业化的系统平台。通过这样的一个平台，形成一个多语言翻译器。也就是说，统一会计引擎的一端对接企业内所有业务系统和专业财务系统，以获得信息输入，另一端对接会计核算系统和管理会计系统，以生成会计凭证并实现财务分析。

（三）智能化下的统一会计引擎

尽管我们意识到统一会计引擎的建立难以一帆风顺，但同样看到它建立后所带来的价值。今天，随着智能化技术的进步，还有可能在建立统一会计引擎的过程中更进一步——借助智能化技术提升统一会计引擎的性能。

如同翻译领域对智能化技术的应用，统一会计引擎可以考虑适当地应用机器学习技术来辅助完善翻译器的翻译规则，即会计引擎的凭证转换规则。在建立统一会计引擎时，通常将优先基于所积累的经验来设计规则，但面对多行业及全场景的复杂性，仅仅基于经验是不够的。机器学习技术通过对标签化业务信息的输入和学习训练后，能够更高效地提炼转换规则，提升会计引擎在面对新问题时的处理能力。另外，利用区块链技术。如果能够在业务系统、专业财务系统、核算系统之间搭建分布式底账，那么将为提升会计引擎转换结果的可追溯性带来极大的帮助。

第四节　智能时代财务共享服务创新

一、智能时代财务共享服务框架详解及智能增强

财务共享服务模式在中国是在 21 世纪初左右兴起的，尽管这个时候西方国家对财务共享服务的应用已经日趋成熟，但作为后来者，我国的财务共享服务发展呈现出逐渐加速的趋势。在最近五年中，财务共享服务的热度飞速上升，已然成为国内大中型企业财务组织的标配。

在这个过程中，财务共享服务中心从设立到运营全过程的管理水平都在快速提升，到今天已经形成了相对完善的财务共享服务管理框架，并在政府、企业、高校和各类协会组织的共同推动下，逐渐成为国内财务共享服务中心特有的管理模式。

（一）财务共享服务中心设立管理

1. 框架详解

财务共享服务中心设立管理框架详解，如表 8-7 所示。

表 8-7　财务共享服务中心设立管理框架详解

项目	具体内容
财务共享服务中心立项	能够站在企业立场，充分评估财务共享服务中心设立对企业经营发展所带来的利弊影响，客观评价财务共享服务中心的投入产出情况、匹配和适应情况、变革管理的难点及应对措施。能够在判断财务共享服务中心建设对企业有利后，积极推动管理层和各相关方的认可，并获取充足的资源，支持后续的中心设立
财务共享服务中心战略规划	能够站在战略高度对财务共享服务中心展开规划，如总体模式的选择，包括定位、角色、布局、路径、变革管理、组织、流程、服务标准、系统及运营平台、实施等规划内容
财务共享服务中心建设方案设计	能够在财务共享服务中心建设启动前进行充分的建设方案设计，包括组织、人员、系统、流程、运营、制度等方面。方案应能够涵盖框架和详细设计，并在最终落地方面做好充分的工具设计准备

项目	具体内容
财务共享服务中心实施	能够有效地组织项目展开对财务共享服务中心的实施，制订合理的实施计划，有序推进组织架构和岗位设立、人员招聘及培训、系统搭建及上线流程设立及运营等各方面工作，实现财务共享服务中心从试点到全面推广的实施落地
财务共享服务中心业务移管	能够在财务共享服务中心设立后，有效地推动业务从分散组织向财务共享服务中心的转移，通过推动签订服务水平协议、业务分析、流程标准化及操作手册编写、业务转移培训、业务中试和最终正式切换，实现移管目标

2. 智能增强

在通常情况下，管理层都会要求财务共享服务中心的设立具有一定的前瞻性和预测性。自十多年前开始，财务共享服务中心的建立本身就具有强烈的创新特征，我们需要向管理层阐明所采用的技术手段能够达到当前的市场水平或竞争对手水平，并能够对企业自身的管理带来提升。很多企业在这个过程中也同步进行了与支持财务共享服务相关的信息系统建设，但总体来说，并没有超出当前互联网时代的技术水平。

今天，在展开财务共享服务中心建设的过程中，无论是进行立项还是规划都必须考虑到即将到来的智能革命对财务共享服务的影响。

因此，今天我们在建立共享服务中心的规划过程中，必须要充分考虑到未来智能化技术对财务共享服务中心的影响，为当前财务共享服务中心的建设留下向智能化进行转型和拓展的接口。同时，我们必须认识到智能化很可能在最近数年中出现爆发式的技术发展，财务共享服务中心必须要有充分的认知准备，紧随技术进步，及时调整自身的运营策略，切换至智能化运营平台，以维持当前建立财务共享服务所带来的竞争优势。

（二）财务共享服务中心组织与人员管理

1. 框架详解

财务共享服务中心组织与人员管理框架详解，如表8-8所示。

表8-8　财务共享服务中心组织与人员管理框架详解

项目	说明
财务共享服务中心组织职责管理	能够基于业务流程清晰地梳理各环节所涉及的工作职责，并针对这些工作职责设置相匹配的岗位。在此基础上，通过提取汇总分散于业务流程中的岗位工作职责，形成财务共享服务中心的核心岗位职责

项目	具体内容
财务共享服务中心岗位及架构	能够清晰地定义财务共享服务中心在整个财务组织中的定位，明确其与现有财务部门之间的定位关系及职责边界。能够清晰地设计财务共享服务中心的管控关系，并基于岗位职责和管控关系搭建财务共享服务中心的组织架构及各架构层级的岗位设置。岗位设置应当能够做到不重不漏
财务共享服务中心人员招聘	能够对财务共享服务中心的人员编制做到及时地跟踪预测，在人力产生潜在空缺可能时，能够及时展开人员招聘活动，通过合理的招聘周期规划，在人员缺口出现时及时进行人力补充。能够积极地拓展多种招聘渠道，建立与高校的紧密联系。能够建立面向同城其他财务共享服务中心的招聘渠道，必要时设置专业化的招聘岗位，或者获得 HR 招聘团队的有效支持
财务共享服务中心人员培训及发展	能够建立完善的人员发展体系，针对财务共享服务中心的人员特性设置与传统财务差异化的职业发展通道，实现在相对较短职业周期中的快速发展和及时激励。能够针对财务共享服务中心的人员特点设置有针对性的人员培训体系，高效提升运营人员的产能，并积极拓展员工的综合能力，以提高其主观能动性
财务共享服务中心人员考核	能够设立针对财务共享服务中心不同层级、类型的人员绩效考核体系。能够基于绩效考核体系推动财务共享服务中心运营效率的提升、成本的降低、质量和服务水平的提升。同时，能够维持并激发各级人员的创新能力
财务共享服务中心人员保留	能够积极主动地针对财务共享服务中心的员工进行工作状态评估，对有潜在离职风险的员工进行及时主动的沟通，通过主动的行动实现人员的保留。同时能够长期将财务共享服务中心的人员流失率控制在合理水平

2. 智能增强

智能时代的到来，对当今财务共享服务中心的组织与人员管理提出了不一样的要求。

（1）从组织职责及架构设置来看，今天的财务共享服务中心在传统职能的基础上，必须要考虑一些用于自我变革的职能。实际上，有不少财务共享服务中心还在纠结是否要用自动化来替代人工，并顾虑因此对现有团队的利益影响。与趋势逆行是不可取的，我们应当在当今的组织中一方面继续针对传统的集中化人工作业模式展开运营的提升；另一方面，应当设立创新科技组织，积极主动地展开自我颠覆。通过应用新技术，主动降低对人力的依赖，从而在这场变革中掌握主动。

（2）对于这一变革时期的人员管理，要充分做好面对自动化带来人力释放影响的准备工作。将分散的人员集中起来是一场变革，在这个过程中，我们已经经历了一次减员的挑战。而今天，把集中在财务共享服务中心的人力再消化掉是另一场变革。这一次，我们应当在人员的职业发展上有针对性地考虑未来智能化的影响，提前做好人员的非共享技能培养，以帮助部分人员在智能化过程中逐渐分流至其他岗位，从而减少刚性人员裁减带来的剧痛。

（3）在人员的考核上，应当更多地关注对于人员创新能力的提升。传统的财务共享服务模式过于强调效率，这使财务共享服务中心的员工并不热衷于使用新技术来改造现有的工作模式，而更倾向于一个稳定的工作环境，这对财务共享服务中心适应智能时代的发展变革要求是不利的。多一些主动的求变精神是智能时代财务共享服务的必由之路。

二、财务众包

众包的出现与财务领域和智能时代的来临有着密不可分的关系。在人工智能和财务共享服务中心的人力替代战争中，众包是机器作业的前置补充之一，它正在和人工智能一起面向传统财务共享服务模式发起进攻。

（一）众包

众包是指一个公司或机构把过去由员工执行的工作任务，以自由自愿的形式外包给非特定的（而且通常是大型的）大众网络的做法。众包模式和传统的运营作业模式存在显著差异，并具有任务颗粒化、技能低门槛、时间碎片化、组织网络化和收益实时化五个特点。

1. 任务颗粒化

众包可以说是劳动分工更为深化的应用场景。如果说劳动分工理论把一个复杂的业务处理推动为流程化、分环节作业的模式，那么众包模式就进一步将工作任务化，达到了更细的颗粒度。

2. 技能低门槛

任务高度颗粒化带来的直接好处就是任务的复杂性得到降低，每一个小的任务颗粒对技能的要求将大大小于组合起来的一个完整的流程环节对工作技能的要求。这使社会上大量并不掌握复杂技能的普通人员能够参与到众包的工作中来，并且使用极低的成本来完成相关工作。

3. 时间碎片化

在传统的流程管理中，往往需要整块的时间来完成某一项工作，而且流程中间多数是串行关系，要求工作时间具有连续性。而在众包模式下，任务颗粒化后会出现越来越多的在同一时间内的并行任务，从而对时间连续性的要求有所下降，形成任务处理时间的碎片化。因此，可以由互联网上的众多个体在同一时间并发完成多种类型的任务。

4. 组织网络化

当技能门槛降低、任务颗粒化且时间碎片化后，众包的人员组织形式可以实现网络化。众包会有大量的社会化资源参与，形成网状的任务交付结构，最后由任务的发包方完成这项任务的流程化组装和应用。

5. 收益实时化

对于众包网络中完成任务的个体来说，由于单个任务的收益很小，实时的收益计量是其持续参与的核心动力。收益实时化并不是要求随时支付，而是可以实时告知作业用户获得了多少收益，定期进行结算。

（二）实现财务众包模式

由于众包是新兴的创新模式，从方法到技术平台各方面均存在挑战，要成功实现众包模式的落地，需要在前期有严谨的思考和设计，方能达到预期的效果。下面从众包的业务内容、技术平台及运营模式三个方面来谈谈如何实现众包模式的落地。

1. 确定可众包的业务内容

在评估是否可以众包的时候，有几个原则需要加以考虑。

（1）业务是否能够进行充分的标准化乃至颗粒化。复杂的业务没有办法让技能单一的社会参与者进行处理，必须要进行颗粒化拆分，而能够拆分的前提就是可以标准化。

（2）任务必须不存在信息安全隐患。众包的对象和信息的流转渠道是完全不受控制的，所以发包信息必须不存在信息安全的强要求，否则会产生风险。

（3）对于时效的要求有适度的容忍性。众包需要有派工、等待、双人核验等过程，如果等待超时还要有二次分派的过程，尽管可以对时效进行一定的管控，但如果对时效要求极高则不适合进行众包。

基于以上分析，在财务流程处理中有哪些业务内容可以考虑纳入众包的范围呢？以费用审核为例，如果从人的动作的角度来看，审核过程可以分解为"信息的读取"加上"和既定规则的比较"。"和既定规则的比较"属于技术含量较高的部分，并不适合众包处理，在未来需要更多基于人工智能的机器审核来完成。

从可操作性上来说，"信息的读取"可以考虑作为众包的核心内容。它能够满足标准化和颗粒化的要求，由于对人的技能要求不高，更适合采用众包模式，而这个环节的产出也可以作为智能审核的数据基础。在实践中，标准发票、企业结构化单证中涉及的科目和金额，如在风险控制线内，则可以采用众包模式来进行信息录入。

2. 众包技术平台的搭建要求

在具体实操的过程中，需要有技术平台来支持众包业务。在具体的技术平台设计上，应考虑以下特点要求。

（1）技术平台具有高稳定性

由于是面对大用户量的平台，因此需要能够在大并发下高效率响应。此外，由于每个任务都是颗粒化的，单任务处理的周期短，任务会频繁地被分发和回收，这进一步加剧了性能压力。因此，要充分考虑平台的稳定性。

（2）技术平台具有高安全性

由于在平台上直接处理的是财务单据信息，虽然是碎片化分割出去的，但一旦发生数据泄露，大量碎片的再组合就会出现完整的、有价值的商业信息。因此，平台需要在安全性上给予很高级别的考虑。

（3）技术平台具有高易用性

在平台上从事作业的人员技能水平不高，如果平台操作复杂，则多数用户会难以适应，甚至根本无法开展工作。因此，在设计平台时需要尽可能做到傻瓜式设计，降低上手难度，使平台上的作业轻松愉快，而非充满挑战性和复杂性。

（4）技术平台需要兼顾 PC 端和移动端

参与众包的用户，一类是以此为主要收入来源的固定用户，每天会处理大量任务，极其追求作业效率，此类用户适合使用 PC 端作业；另一类是以娱乐和赚取零花钱的心态参与众包的非固定用户，考虑到此类用户碎片化作业的需求，更适合使用基于 App 或微信小程序的移动端作业。

3. 众包技术平台的核心功能

在明确了众包平台所需具有的技术特点后，我们再来看一下众包平台对功能层面的主要考虑要点。

（1）任务拆分和组装的功能

在通常情况下，众包平台并不是任务的源头，需要从其他系统中导入任务。进入平台的任务是整件业务，需要在平台中进行拆分，并建立关键索引，后续派工基于拆分后的碎片任务进行，作业完成后，需要在平台中进行进一步的任务组装，组装时基于任务拆分时的关键索引进行。

（2）任务分派和调度的功能

平台不适合进行主动式任务推送，因为我们并不知道众包平台用户现在是否有意愿进行任务处理。所以，平台的任务分配采用主动提取式。主动提取后的任务需要设置基于时间的调度管控，由于用户很可能在提取任务后因为突发情况或者主观意愿，放弃了对当前任务的处理，这就需要对所有任务设置倒计时管理，在计时结束后对没有完成的任务进行取回重新分配。

（3）多人作业核验的功能

由于作业质量无法按传统模式进行流程化质量检查，因此需要在机制上做特别的设计，常用的模式是双人作业、系统核验，就是将同一个任务同时分派给两个不同的作业人。如果作业结果一致，则认为任务质量是合格的；如果不一致，则引入第三人作业，其作业结果与前两人的作业结果比对，如果一致，则以一致结果为准，否则转入问题处理。

（4）计费和结算的功能

由于要对社会上零散人员进行计费和结算，这就需要基于任务来定义计费单位，如录入类任务可按字节计费，审核任务可按复杂度和页数来综合计费。无论采用何种方式，都要保证计费依据客观、可度量。系统根据数据自动计算用户作业绩效，并自动结算。此外，可考虑支持网络结算。

（5）用户和用户能力管理的功能

平台用户量大，需要进行必要的身份验证，如身份证核验、技能证书核验等。此外，需要建立基于作业质量、信用、技能等的综合模型，对用户进行分类分级管理，允许晋升用户的级别。

4. 构建众包的运营模式

有了技术平台后，再结合科学的商业运营模式，可以正式实现众包模式的落地。在通常情况下，众包的运营模式从目的的角度可以分为两大场景：一种场景是以参与方的身份，从解决自身人力需求出发，希望将众包模式作为工具来应用；另一种场景是以运营方的身份，将自身转型为服务平台，为更多的企业提供众包服务。两种不同的身份在众包运营中的考虑和模式是显著不同的。

（1）作为参与方身份的运营模式

作为参与方，重在使用和利用好众包。因此，参与方只需要专注于如何推广众包平台，将用户吸引到平台上来进行作业，并且保持稳定的质量水平。在这个过程中，主要需要考虑以下几点：宣传推广众包平台；找到恰当的定价水平；加强平台用户的黏性。

（2）作为运营方身份的运营模式

作为运营方，需要完全覆盖参与方的角色。参与方的各项运营要点，在运营方这里都要做到，甚至要做到更好。而在这一基础之上，运营方还需要管理好任务的来源。对于运营方来说，最重要的是要让平台变成中介，能够在平台上导入大量的任务，同时有大量的资源来承接运营任务。如果要向众包平台上的大量企业客户发布任务，则需要做好以下几项运营工作：吸引企业客户进驻平台；面向企业客户提供稳定高效的系统对接服务、专业化的服务支持及丰富的数据支持。

参考文献

[1] 杨洁. 企业财务管理与财务数字化研究 [M]. 北京：群言出版社，2023. 02.

[2] 周崇沂，蒋德启. 数字化时代的财务数据价值挖掘 [M]. 北京：机械工业出版社，2023. 03.

[3] 揭志锋. 财务管理第 3 版 [M]. 沈阳：东北财经大学出版社，2022. 01.

[4] 周玉琼，肖何，周明辉. 财务管理与金融创新 [M]. 北京：中国财富出版社，2022. 01.

[5] 王攀娜，熊磊. 企业财务管理 [M]. 重庆：重庆大学出版社，2022. 07.

[6] 朱菲菲. 财务管理高效工作法 [M]. 北京：中国铁道出版社，2022. 08.

[7] 李志学，张泓波. 高级财务管理理论与实务 [M]. 上海：复旦大学出版社，2022. 08.

[8] 裘益政，柴斌锋. 财务管理案例第 4 版 [M]. 沈阳：东北财经大学出版社，2022. 02.

[9] 鲍秀芝，王进，杜磊. 财务管理与审计统计分析研究 [M]. 长春：吉林科学技术出版社，2022. 08.

[10] 赵颖，郑望，白云霞. 现代会计与财务管理的多维探索 [M]. 长春：吉林人民出版社，2022. 03.

[11] 王利萍，吉国梁，陈宁. 数字化财务管理与企业运营 [M]. 长春：吉林人民出版社，2022. 07.

[12] 刘娜，宋艳华. 财务管理 [M]. 北京：北京理工大学出版社，2021. 09.

[13] 张先治. 高级财务管理 [M]. 沈阳：东北财经大学出版社，2021. 09.

[14] 刘阳. 高级财务管理 [M]. 北京：北京理工大学出版社，2021. 04.

[15] 刘福同，邹建军，洪康隆. 财务管理与风险控制 [M]. 北京：中国商业出版社，2021. 07.

[16] 李晓林，李莎莎，梁盈. 财务管理实务 [M]. 武汉：华中科技大学出版社，2021.

09.

［17］解勤华，王春峰，李璇. 财务管理与会计实践研究［M］. 长春：吉林出版集团股份有限公司，2021. 12.

［18］阮晓菲，王宏刚，秦娇. 财务管理模式与会计实务［M］. 吉林人民出版社，2021. 09.

［19］齐景华，童雨. 建筑企业财务管理第3版［M］. 北京：北京理工大学出版社，2021. 02.

［20］王雁滨，苏巧，陈晓丽. 财务管理智能化与内部审计［M］. 汕头：汕头大学出版社，2021. 12.

［21］司倩蔚，蔡回辽，孙美玲. 财务管理与经济发展研究第1版［M］. 长春：吉林科学技术出版社，2021. 06.

［22］蔡维灿. 财务管理［M］. 北京：北京理工大学出版社，2020. 05.

［23］刘静，田世晓. 财务管理［M］. 上海：立信会计出版社，2020. 06.

［24］高阳，张媛，能超. 财务管理［M］. 成都：电子科学技术大学出版社，2020. 09.

［25］段顺玲，李灿芳，纪琳娜. 财务管理［M］. 北京：北京理工大学出版社，2020. 11.

［26］张书玲，肖顺松，冯燕梁. 现代财务管理与审计［M］. 天津：天津科学技术出版社，2020. 04.

［27］漆凡. 财务管理第2版［M］. 上海：立信会计出版社，2020. 01.

［28］费琳琪，郭红秋. 财务管理实务［M］. 北京：北京理工大学出版社，2020. 07.

［29］王鲁泉. 财务管理与金融创新研究［M］. 吉林出版集团股份有限公司，2020. 06.

［30］王盛. 财务管理信息化研究［M］. 长春：吉林大学出版社，2020. 10.

［31］刘建华，安海峰，王雪艳. 财务管理与成本控制研究［M］. 长春：吉林大学出版社，2020. 05.

［32］席燕玲. "互联网+"时代的财务管理与财务行为［M］. 湘潭：湘潭大学出版社，2020. 07.